Das Institut
der
bedingten Begnadigung.

Ein Hilfsbuch

zur Bearbeitung von Strafaussetzungssachen mit
Beispielen, Verfügungsentwürfen und Formularen.

Für die preußische Praxis herausgegeben
von

J. Herrnstadt,
Amtsrichter in Kattowitz.

Zweite, vollkommen neubearbeitete und vermehrte Auflage.

Berlin 1912.
J. Guttentag, Verlagsbuchhandlung,
G. m. b. H.

Vorwort.

Den Kampf gegen das Verbrechertum führen Staat und Gesellschaft. Bedeutsamstes Ziel in diesem ernsten Ringen ist: dauernde Besserung derer, die sittlich noch unverdorben und erziehungsfähig sind. Bei derartigen Mißtätern Strafe alsbald zu vollstrecken, hieße dieses Ziel gefährden, wenn nicht gar vereiteln. Es drohen dann die Berührung mit schon verdorbenen Elementen und die schädlichen Wirkungen hieraus. Dagegen scheint das Ziel erreichbar durch Unterlassung des Strafvollzugs, wenn sie sich stützt auf längere Bewährung. In solcher Erwägung findet sich nun auch der letzte Grund für die Einrichtung einer Strafaussetzung mit der Aussicht auf Begnadigung.[1])

Das so geschaffene „Institut der bedingten Begnadigung" bezielt die Besserung der Kriminellen. Ein Problem von hoher

[1]) Die Gründe, welche für die Einführung der bedingten Begnadigung angeführt werden, lassen sich wohl am besten zusammenfassen in einen Ausspruch von v. Liszt: „Geht man von dem Gedanken aus, daß die Tage und Nächte, welche der zum ersten Male Verurteilte in dem Gefängnisse zubringt, zusammengeworfen mit graugewordenen Verbrechern, ohne Beschäftigung und ohne Aufsicht, in zahlreichen, ja in den meisten Fällen entscheidend sind für sein späteres Leben; daß sein Ehrgefühl gebrochen, die Scheu vor der Strafe vernichtet ist; daß die erste kurze Freiheitsstrafe nur die erste Stufe ist, die zum Rückfall und durch diesen zum unverbesserlichen Gewohnheitsverbrechertum führt; ist man sich klar darüber, daß auch die kurze Einzelhaft nicht bessert oder abschreckt, sondern nur abstumpft und die stärkste Triebfeder knickt, welche vor der Verbrecherlaufbahn zurückhält, die Achtung vor sich selbst — dann liegt die Schlußfolgerung nahe genug, daß es sich empfehlen müßte, dem Erstverurteilten eine Frist zu gewähren, ehe die Gesellschaft ihn preisgibt, noch einmal sein Schicksal ihm in seine eigene Hand zu legen, damit er sich zu bewähren, sich zu retten in der Lage sei" (entnommen aus der vielbesprochenen Schrift von Appelius, Die bedingte Verurteilung und die anderen Ersatzmittel für kurzzeitige Freiheitsstrafen, 4. Auflage, Cassel, 1891, S. 5, vgl. auch dort S. 21 bis S. 25). Vgl. Wach, Die Reform der Freiheitsstrafe, Leipzig, Duncker & Humblot, 1890, S. 6, 9, 10, 17, 18 u. die Entgegnung auf diese Schrift von v. Liszt in den Preußischen Jahrbüchern, Bd. 66, abgedr. auch in der

sozialpolitischer Bedeutung sucht es damit zu lösen, und an der Lösung ist die Allgemeinheit offenbar erheblich interessiert. Den mit der Handhabung des Instituts betrauten Strafvollstreckungsbehörden erwächst darnach aber eine Aufgabe schwieriger Art.

Der Erfolg der Tätigkeit hängt nun einmal ab von der sorgfältigsten Prüfung der im Einzelfall in Betracht kommenden Umstände zugleich unter gewissenhafter Beachtung der gegebenen Verfahrensvorschriften. Letztere einschließlich der zahlreichen sie abändernden, ergänzenden und erläuternden Bestimmungen sind indes teils in verschiedenen Sammelwerken mannigfach zerstreut, teils auch lediglich in den amtlichen Generalakten enthalten. Deshalb ist durch Zusammenraffung und Sichtung des Materials die vollständige Herausstellung der zur Zeit in Geltung befindlichen Normen geboten. Dieser Tätigkeit unterzieht sich die vorliegende Schrift. Hierdurch und indem sie die gewonnenen Sätze systematisierend das Institut der bedingten Begnadigung übersichtlich zur Darstellung bringt,[1]) sucht sie mitarbeitend an der berührten Aufgabe deren praktische Aus- und Durchführung den beteiligten Behörden zu erleichtern und zu sichern. Dazu sollen auch sekundär die eingestreuten Beispiele und Verfügungsentwürfe [2]) sowie die beigefügten Formulare dienen.

Sammlung „Strafrechtliche Aufsätze und Vorträge", Berlin, J. Guttentag, 1905, Bd. 1, S. 511 ff., 520 ff., ferner Rosenfeld, Welche Strafmittel können an die Stelle der kurzzeitigen Freiheitsstrafe gesetzt werden?, Berlin (J. Guttentag), 1890, S. 147 ff. Siehe noch Aschrott, Ersatz kurzzeitiger Freiheitsstrafen, Hamburg, 1889, S. 3, 4.

[1]) Die Bücher von Blankenburg, Die einstweilige Aussetzung der Strafvollstreckung usw., Halle, 1901, und von Engelmann, Die bedingte Begnadigung usw., 2. Auflage, Breslau (Koebners Verlag), 1905, sind nur kompilatorische Zusammenstellungen der früher geltenden Vorschriften über die bedingte Begnadigung.

[2]) Der immerhin dankenswerten Anregung von Leske in einer Besprechung der ersten Auflage (JLBl. Nr. 227): die in den Anmerkungen verstreuten Entwürfe zu Verfügungen zu sammeln und am Schluß für sich besonders wiederzugeben, war nicht zu folgen, da es nach der Anlage des für die Praxis bestimmten Buches, welches die einzelnen Phasen in dem regelmäßigen Entwickelungsgange des Strafaussetzungsverfahrens bringt, zweckmäßig erschien, die einschlägigen Verfügungsentwürfe an dem hierdurch gegebenen Orte einzuschalten; so sind sie auch in sich gesammelter, wie an ihrer Stelle nach dem Vorschlage des Kritikers.

Ein praktisch erfolgreiches Arbeiten auf dem hier in Rede befangenen Gebiete hängt jedoch weiterhin wesentlich davon ab, daß die Vollstreckungsorgane den Geist[1]) erfassen, welcher jene Normen beherrscht und in ihnen sich verkörpert. Dieser Geist war daher aufzuzeigen. Hierbei erschien es unumgänglich, die einschlägige Literatur gebührend zu berücksichtigen und andererseits zu in ihr bisher noch nicht erörterten Fragen von Relevanz Stellung zu nehmen.[2])

Möge das con amore geschriebene Buch dem Praktiker ein fördernder Wegweiser sein.

Kattowitz, im Januar 1912.

Der Verfasser.

---

[1]) Angedeutet sei hier das kriminalpolitische Moment: die bedingte Begnadigung als eine auf Erziehung, Besserung und Verhinderung des moralischen Verfalles gerichtete Maßregel gehört zu den Mitteln des Staates im Kampfe gegen die Gesetzesverächter. Nicht das Prinzip der Vergeltung, sondern jenes der Errettung und Erziehung muß zur Geltung gelangen. Die hierauf hinzielenden Bestrebungen des Instituts finden beiläufig in der stets zunehmenden und anwachsenden Organisation der Jugendschutz- (Patronage-) Vereine eine bemerkenswerte Unterstützung, und kann man hierin einen Ansatz zum System der zunächst grundsätzlich abgelehnten sog. „Schutzaufsicht" erblicken, worüber unten. — Förster (Schuld und Sühne, München, C. H. Beck, 1911) hat es unternommen, gegen den Modernismus in der Kriminalpolitik zu Felde zu ziehen. Er verlangt Aufrechterhaltung des Sühnecharakters der Strafe, auch dem Jugendlichen gegenüber. Nicht der Täter, sondern die Tat müßte mit der Strafe und deren Stempel behaftet sein. Also das Gegenteil von Berolzheimers Theorie: „Gegenstand der Bestrafung ist der schlechte Mensch." Somit soll man lediglich auf eine Besserung der Strafmittel sinnen, sie besser durcharbeiten, dem Einzelfall anpassen, aber nicht an den Sühnecharakter der Strafe rühren. Für eine Auseinandersetzung, daß die Kriminalpolitik Försters und ihre Begründung verfehlt erscheint, ist indes vorliegend kein Raum.

[2]) Für Art und Umfang der Ausführungen war jedoch, wie nochmals betont wird, lediglich der praktische Gesichtspunkt ausschlaggebend. So konnte insbesondere auf sich beruhen die Erörterung der Streitfrage nach der Strafnatur der bedingten Begnadigung, deren Bejahung u. a. damit begründet wird, daß in der durch das Urteil ausgesprochenen Mißbilligung der Tat und in dem mit der Aussetzung der Strafvollstreckung gegebenen Schwebezustand ein Übel für den Rechtsbrecher liege (vgl. hierzu auch Feisenberger, Strafzwecke und Verbrechensbekämpfung im Vorentwurf zu einem Deutschen Strafgesetzbuch i. d. ZStW. 31, 1 bis 14).

Inhaltsverzeichnis.

Das Institut der bedingten Begnadigung.

Erklärung der Abkürzungen.

(Die ohne weiteren Zusatz angegebenen Verfügungen, Reskripte, Runderlasse usw. sind solche des preußischen Justizministers.)

AA. = Amtsanwalt.
a. a. O. = am angegebenen Orte.
a. E. = am Ende.
AG. = Amtsgericht oder Amtsgerichte.
Abs. = Absatz.
AGO. = Allgemeine Gerichtsordnung für die preußischen Staaten vom 6. Juli 1793.
All. Erl. = Allerhöchster Erlaß.
ALR. = Allgemeines Landrecht für die preußischen Staaten vom 5. Februar 1794.
Allg. Vf. = Allgemeine Verfügung.
and. Ans. = anderer Ansicht.
Anm. = Anmerkung.
Art. = Artikel.
Bd. = Band.
Begr. = Begründung.
Bek. = Bekanntmachung.
bez. = beziehungsweise.
BGB. = Bürgerliches Gesetzbuch vom 18. August 1896 (RGBl. S. 195).
Bl. = Blatt.
BGBl. = Bundesgesetzblatt.
EG. = Einführungsgesetz.
EGzBGB. = Einführungsgesetz zum Bürgerlichen Gesetzbuch.
Entsch. = Entscheidung.
Entw. = Entwurf.
Form. = Formular.
FDG. = Gesetz, betreffend den Forstdiebstahl vom 15. April 1878 (GS. S. 222).
f. = für.
FEG. = Gesetz über die Fürsorgeerziehung Minderjähriger vom 2. Juli 1900 (GS. S. 264).
Gef.Ord. = Gefängnisordnung für die der Justizverwaltung unterstehenden Gefängnisse vom 21. Dezember 1898 (JMBl. S. 292).
Gegenentw. = Gegenentwurf zum Vorentwurf eines deutschen Strafgesetzbuchs, Berlin, J. Guttentag, 1911.
Gesch.Anw. = Geschäftsanweisung.
Gesch.O. = Geschäftsordnung.
Ges. = Gesetz.
GS. = Preußische Gesetzsammlung.
GoltdArch. = Goltdammer, Archiv für Strafrecht und Strafprozeß.
GVG. = Gerichtsverfassungsgesetz vom 27. Januar 1877 in der Fassung der Bek. v. 1898 (RGBl. S. 371), geändert durch Ges. vom 1. Juni 1909 (a. a. O. S. 475).

Jahrb. = v. Kamptz, Jahrbücher für die preußische Gesetzgebung, Rechtswissenschaft und Rechtsverwaltung (1814—1845).
JM. = Justizminister.
JMBl. = Justizministerialblatt für die Preußische Gesetzgebung und Rechtspflege.
I. StA. = Erster Staatsanwalt beim Landgericht.
Kab.Ordre = Kabinettsordre.
KG. = Kammergericht.
MBlV. = Ministerialblatt für die Preußische innere Verwaltung.
MStGO. = Militärstrafgerichtsordnung vom 1. Dezember 1898 (RGBl. S. 1189).
MStGB. = Militärstrafgesetzbuch für das Deutsche Reich vom 20. Juni 1872 (RGBl. S. 174).
OLG. = Oberlandesgericht.
OStA. = Oberstaatsanwalt.
Präs. = Präsident.
Preuß. Verf.-Urk. = Preußische Verfassungsurkunde vom 31. Januar 1850 (GS. S. 17).
RG. = Reichsgericht.
RGBl. = Reichsgesetzblatt.
RMG. = Reichsmilitärgesetz vom 2. Mai 1874 (RGBl. S. 45).
Reskr. = Reskript.
RdVf. = Rundverfügung.
StA. = Staatsanwalt oder Staatsanwaltschaft.
StAG. = Gesetz über die Erwerbung und den Verlust der Bundes- und Staatsangehörigkeit vom 1. Juni 1870 (BGBl. S. 355).
S. = Seite.
s. = siehe.
StGB. = Strafgesetzbuch für das Deutsche Reich vom 15. Mai 1871 in der Fassung der Bek. v. 1876 (RGBl. S. 39).
StPO. = Strafprozeßordnung vom 1. Februar 1877 (RGBl. S. 253).
Vf. = Verfügung.
vgl. = vergleiche.
Vorentw. = Vorentwurf zu einem Deutschen Strafgesetzbuch, Berlin, J. Guttentag, 1909.
WO. = Deutsche Wehrordnung vom 22. November 1888 (im Neuabdruck erschienen bei E. S. Mittler & Sohn, Berlin, 1904, nebst laufenden Nachträgen).
Z. = Zentralblatt für Vormundschaftswesen, Jugendgerichte und Fürsorgeerziehung, Berlin, Carl Heymann, erschienen seit April 1909.
Ziff. = Ziffer.
Zirk.Vf. = Zirkularverfügung.
ZPO. = Zivilprozeßordnung vom 30. Januar 1877 in der Fassung der Bek. v. 1898 (RGBl. S. 410), geändert durch die Gesetze vom 5. Juni 1905 (RGBl. S. 536) und vom 1. Juni 1909 (a. a. O. S. 475).
Zus. = Zusatz.

An weiteren Abkürzungen sind nur allgemein gebräuchliche und daher einer Erklärung nicht bedürfende verwendet worden. Übrigens wurden dabei — von wenigen Ausnahmen abgesehen — die Vorschläge des Deutschen Juristentages beobachtet.

Einleitung.

1. Der Allerhöchste Erlaß vom 23. Oktober 1895.

Das Institut der bedingten Begnadigung [1]) hat in Preußen [2]) zur Grundbestimmung [3]) den Allerhöchsten Erlaß vom 23. Oktober 1895 (JMBl. S. 348), welcher lautet:

---

[1]) Unter „bedingter Begnadigung" versteht man eine Aussetzung der Strafvollstreckung („Strafaussetzung") mit der Aussicht, daß die — im Bereich der Möglichkeit liegende — Begnadigung, d. i. Beseitigung der Straffolgen durch Verfügung der Staatsgewalt [v. Liszt], in die Wege geleitet würde, wenn der Verurteilte innerhalb eines bestimmten Zeitraumes sich tadelfrei führt, andernfalls der Strafvollzug eintritt. Hiernach scheint freilich die angegebene Bezeichnung nicht zutreffend. Denn die Strafaussetzung ist (resolutiv) bedingt: durch schlechte Führung wird sie beseitigt. Der Name „bedingte Strafaussetzung" wäre richtig. Berücksichtigt man aber das eigentliche Endziel: Erlaß der Strafe als Belohnung für die gute Führung während der Strafaussetzung [Oetker], dann ist nicht diese und vielmehr der durch das Wohlverhalten während ihrer Dauer (suspensiv) bedingte Straferlaß, d. i. die Begnadigung das wesentliche Moment. Mithin ist — als das Wesen der Sache deckend — die Bezeichnung „bedingte Begnadigung" richtig. Die nun ein solches bestimmtes, hier also das durch obigen Königlichen Erlaß ins Leben gerufene Verfahren regelnden (administrativen) Vorschriften werden unter dem Begriff „Institut" zusammengefaßt.

[2]) Vorliegende Schrift behandelt das Institut der bedingten Begnadigung in Preußen (vgl. Meves, Die bedingte Begnadigung in der ihr in Preußen durch den Allerhöchsten Erlaß v. 23. Okt. 95 gegebenen Gestalt, GoltdArch. 44, 1 ff.). — Die Geschichte der bedingten Begnadigung ist in den seit 1896 alljährlich dem Reichstage vom Staatssekretär des Reichsjustizamts zugehenden Denkschriften ziemlich ausführlich dargestellt, s. weiter eingehend v. Liszt, Bedingte Verurteilung und bedingte Begnadigung in Bd. III, Allg. Teil der „Vergleichenden Darstellung des Deutschen und Ausländischen Strafrechts," Berlin, 1908, S. 6 ff., 42 ff. und die von ihm (S. 2 bis 5) angegebene reichhaltige Literatur.

[3]) Vgl. Müller, Die Preußische Justizverwaltung, 6. Aufl., Berlin, 1909/10, Bd. II, S. 1772 ff. u. Klee, Art. „Bed. Begnadigung" in v. Stengels Wörterbuch d. deutsch. Staats- u. Verwaltungsrechts, 2. Aufl., Tübingen, 1911, Bd. I, S. 384 ff.

„Auf Ihren Bericht vom 15. Oktober d. Js. ermächtige ich Sie, solchen zu Freiheitsstrafen verurteilten Personen, hinsichtlich deren bei längerer guter Führung eine Begnadigung in Aussicht genommen werden kann, nach Ihrem Ermessen Aussetzung der Strafvollstreckung zu bewilligen, indem Ich in den dazu geeigneten Fällen demnächst Ihrem Bericht wegen Erlasses oder Milderung der Strafe entgegensehen will. Von dieser Ermächtigung soll jedoch vornehmlich nur zu Gunsten solcher erstmalig verurteilter Personen Gebrauch gemacht werden, welche zur Zeit der Tat das achtzehnte Lebensjahr nicht vollendet hatten und gegen welche nicht auf eine längere als sechsmonatige Strafe erkannt ist.

An den Justizminister." [1]

2. Der Runderlaß des Justizministers vom 12. April 1906.

Die diesen Allerhöchsten Erlaß ausführende Rundverfügung des Justizministers vom 19. November 1895 — I. 6539 — (JMBl. S. 348) hat unter Berücksichtigung der seither ergangenen abändernden, ergänzenden und erläuternden Vorschriften eine neue Fassung erhalten durch die Rundverfügung des Justizministers vom 12. April 1906 — I. 2298 —[2], welche

[1]) Gleichzeitig erschien die folgende halbamtliche (in der Denkschrift nicht mit abgedruckte) Erklärung: „Aus Vorstehendem ist ersichtlich, daß die dargestellte Neuerung die praktische Durchführung des Grundgedankens der sogenannten bedingten Verurteilung bezweckt, jedoch mit folgenden wesentlichen Unterschieden und Einschränkungen:

1. Die Entscheidung über Aussetzung und Erlaß der Strafe ist nicht den Gerichten übertragen, sondern erfolgt im Wege der Allerhöchsten Gnade und in allen Fällen auf Grund einer von der Zentralstelle vorgenommenen Prüfung.
2. Der schließliche Erlaß der Strafe ist nicht von dem Ausbleiben einer weiteren Bestrafung innerhalb einer bestimmten Zeit, sondern von guter Führung des Verurteilten während dieser Zeit abhängig gemacht.
3. Die Einrichtung ist in der Hauptsache auf jugendliche Verurteilte, außerdem aber jedenfalls auf leichtere Straffälle und der Gnade nicht unwürdige Personen beschränkt."

[2]) Anführungen von Paragraphen ohne nähere Bezeichnung beziehen sich hier stets auf Paragraphen obiger RdVf.

nun in der Hauptsache maßgebend ist für das geltende Verfahren betreffend die bedingte Strafaussetzung.[1]) [2])

---

[1]) Obschon hier nur das Institut in der Beschränkung auf Preußen betrachtet wird, so mag doch darauf hingewiesen werden, daß, während früher die in den übrigen Einzelstaaten getroffenen Anordnungen von Preußen und untereinander in vielen und wesentlichen Punkten abwichen und sich auf Grund dieser von einander abweichenden Anordnungen auch die Handhabung der bedingten Begnadigung in den deutschen Einzelstaaten ganz verschieden gestaltete, zwecks Herbeiführung eines gleichmäßigen Verfahrens unter Vermittelung des Reichsjustizamtes zwischen den Regierungen der beteiligten Bundesstaaten bestimmte — seit dem 1. Januar 1903 zur Anwendung gelangende — Grundsätze vereinbart worden sind (abgedr. bei v. Liszt, a. a. O. S. 47). Von diesen unter fünf Ziffern aufgestellten Grundsätzen wichen die unter Ziff. 1 bis 3 und Ziff. 5 angegebenen von den in der RdVf. vom 19. Nov. 1895 bereits enthaltenen nicht ab und erforderten daher den Erlaß anderweiter Vorschriften für den Bereich der preußischen Justizverwaltung nicht. Zur Ausführung der Ziff. 4 („Über die Bewilligung des bedingten Strafaufschubs ist eine [gutachtliche] Äußerung des erkennenden Gerichts herbeizuführen") ist die am 1. Januar 1903 in Kraft getretene RdVf. v. 10. Dez. 02 — I. 9331 —, betr. [obligatorische] Mitwirkung des Gerichts bei Erwirkung des Strafaufschubs ergangen, deren Bestimmungen aber jetzt aufgenommen sind in die an die Stelle der RdVf. v. 19. Nov. 95 getretene RdVf. v. 12. April 06 (vgl. Klee, Die bedingte Begnadigung in den dtsch. Bundesstaaten usw. in der ZStW. 24, 69 ff.).

[2]) Vgl. noch Bachem (Bedingte Verurteilung oder bedingte Begnadigung?, Cöln, 1896), welcher gesetzliche Regelung des Instituts der bedingten Begnadigung verlangt (S. 37—39) und Allfeld (Der bedingte Straferlaß, Erlangen und Leipzig, A. Deichert, 1901), welcher einen Beitrag zur Lösung dieser Frage gibt (S. 32, 33). — Die Kommission für die Reform des Strafprozesses hat sich auch mit der bedingten Begnadigung beschäftigt. Es wurde der Antrag auf reichsgesetzliche Regelung der Frage abgelehnt (vgl. Protokolle, herausg. v. Reichs-Justizamte, Berlin, 1905, Bd. II, S. 318), und zwar mit vollem Recht. Denn die Begnadigung bleibt wesentlich ein Akt der freien Willensbestimmung des Inhabers des Gnadenrechts [Wach]. Daß dieser das Begnadigungsrecht unter gewissen Voraussetzungen ausüben werde, kann daher der Gesetzgeber als staatsrechtlich unmöglich nicht normieren (vgl. v. Liszt, a. a. O. S. 58). Die administrative Regelung setzt überdies in die Lage, den aus einer ungleichmäßigen Handhabung sich ergebenden Mängeln durch die Kontrolle der Zentralinstanz ausgleichend entgegenzuwirken. Dies hat auch unter Warnung vor überhasteter gesetzlicher Regelung in Deutschland zutreffend hervorgehoben Nagel, bedingte Begnadigung und bedingte Verurteilung in der DJZ. 10, 480.

Abschnitt I. Regelmäßiges Verfahren.

Die dem Justizminister übertragenen Sachen.

A. Aussetzung der Strafvollstreckung.

§ 1. Voraussetzungen.

a) allgemeine.

1. Das Begnadigungsrecht muß nach der Art des Falls in der fraglichen Strafsache dem Justizminister [1]) oder dem Minister für Landwirtschaft, Domänen und Forsten,[2]) nicht einem anderen Ressortminister übertragen sein.[3]) [4])

---

[1]) Vgl. auch S. 65 Anm. 2.

[2]) Dem Minister für Landwirtschaft, Domänen und Forsten ist für die alten und neuen Landesteile die Ermächtigung erteilt, in allen Forstkontraventionsfällen, einschließlich der Forstdiebstähle, Geldstrafen, welche den Betrag von 30 Mark nicht übersteigen, ganz oder teilweise zu erlassen (All. Erl. v. 11. Okt. 30, 21. April 66 u. 26. Sept. 68 — JMBl. 1868 S. 333 — u. All. Erl. v. 15. Dez. 80 — JMBl. 1881 S. 31 —). Das Verfahren hinsichtlich der Prüfung und Berichterstattung über derartige Gnadengesuche ist durch die RdVf. des Landw.-Min. v. 24. Nov. 93 (MBlV. S. 272) u. v. 6. Dez. 98 (Deutsche Forst-Zeitung Bd. XIV, S. 334) geordnet. Über die Bewilligung von Strafaussetzung mit Aussicht auf Begnadigung gegen Verurteilte, hinsichtlich derer das Begnadigungsrecht dem genannten Minister übertragen ist, sind jedoch besondere Bestimmungen ergangen, die unten im Abschnitt II behandelt werden.

[3]) § 5 Satz 2. — Bezüglich der Verurteilten, hinsichtlich derer das Begnadigungsrecht einem anderen Ressortminister übertragen ist, bewendet es bei den bestehenden Vorschriften (§ 5 Satz 3). Ausgeschlossen sind mithin alle Zoll- und Steuerkontraventions- und Defraudationssachen sowie die Fälle von Post- und Portohinterziehungen, soweit die Strafen 30 Mark nicht übersteigen. Die in ersteren Sachen dem Finanzminister zustehende Begnadigungsbefugnis ist infolge des Verwaltungsstrafgesetzes v. 26. Juli 97 (GS. S. 237) durch den All. Erl. v. 26. Sept. 97 (GS. S. 402) neu geregelt. — In den letzteren Fällen hat der Staatssekretär des Reichspostamts die Begnadigungsbefugnis (All. Erl. v. 3. Dez. 28 u. 22. Jan. 29 — Jahrb. Bd. 50, S. 230 — u. v. 28. Sept. 67 — GS. S. 1780 —); immerhin ist das Bestehen dieser früher dem preuß. Generalpostmeister erteilten Ermächtigung seit dem Übergang der Postverwaltung auf das Reich zweifelhaft (vgl. Müller, a. a. O., Bd. II, S. 1729, Anm. **)).

[4]) Besondere Bestimmungen gelten für das Ressort des Ministers der öffentlichen Arbeiten, welchem ein Begnadigungsrecht nicht übertragen ist, s. hierzu S. 30 Anm. 1.

2. Es muß

a) an erster Stelle oder für den Unvermögensfall auf Freiheitsstrafe[1] [2] [3] [4] rechtskräftig erkannt sein, letz-

[1] Im Hinblick auf § 14 Abs. 2 StGB. kommen regelmäßig als Arten von Freiheitsstrafen in Betracht: Gefängnis, Festungshaft und Haft (§ 16 Abs. 1, § 17 Abs. 2, § 18 Abs. 1 StGB.). Aussetzung der Zuchthausstrafe ist zwar grundsätzlich nicht ausgeschlossen, kommt indes nur ganz vereinzelt vor: wo diese erkannt ist, zeigt sich in der Regel ohne weiteres die zu große Schwere der begangenen Tat (vgl. auch v. Liszt in d. ZStW. 10, 72 unter Nr. 3).

[2] Auch die gemäß § 491 StPO. erst nachträglich durch Umwandlung festgesetzte Freiheitsstrafe gehört hierher (vgl. Meves, a. a. O., S. 6 unter α).

[3] Die im Privatklageverfahren an erster Stelle oder für den Unvermögensfall erkannten Freiheitsstrafen unterstehen ebenfalls dem All. Erl. (übereinstimmend Meves, a. a. O., S. 6/7 unter β u. die Kommission f. d. Reform des Strafprozesses, a. a. O. S. 321). Dieser Auffassung liegt die allerdings bestrittene Ansicht zu Grunde, daß auch bei Antragsvergehen und Privatklagen, da diese in einem bestimmten Zeitpunkte des Verfahrens (§ 431 StPO.) aus der freien Verfügung des Privatklägers scheiden, gemäß Art. 49 Abs. 1 Preuß. Verf.-Urk. der König das Recht der Begnadigung und Strafmilderung hat (vgl. Arndt, Verfassungsurkunde f. d. Preuß. Staat, 7. Aufl., Berlin (J. Guttentag), 1911, Bem. 3 S. 203). Ein Bedenken entfällt aber überhaupt, wenn man sich auf den Standpunkt stellt, daß der Privatkläger nicht seinen Privatanspruch, sondern den staatlichen Strafanspruch geltend macht (so auch v. Liszt a. a. O. S. 72). Denn über diesen Strafanspruch verfügt der Staat allein und nicht der Privatkläger. — Der von den Gegnern der bedingten Begnadigung erhobene Einwand, daß in Ansehung der den Gegenstand der Privatklagen bildenden Reate und bei Antragsvergehen überhaupt der Anspruch des durch die Straftat Verletzten auf Genugtuung nicht befriedigt werde, ist grundsätzlich zurückzuweisen, da das Interesse des einzelnen hinter das Interesse der Gesamtheit zurücktreten muß (vgl. dazu v. Liszt a. a. O. S. 56, 57 u. Schmidt i. d. DRichtZ. 3, 343).

[4] Nach seinem Wortlaut findet der All. Erl. nicht Anwendung auf Personen, die zu einer Strafe des Verweises (§ 57 Ziff. 4 StGB., vgl. § 37 d. Vorentw. u. Begr. S. 130) verurteilt sind (Vf. v. 25. Nov. 97 — IV. 17 386 —, abgedr. bei Müller, a. a. O., Bd. II, S. 1773 als Zus. b zu § 1 d. RdVf. v. 12. April 06). Vgl. den anregenden Aufsatz von Ginsberg (GerS. 63, 241 ff.), welcher de lege ferenda für eine erweiterte Ausdehnung der Verweisstrafe eintritt, und dagegen u. a. Birkmeyer, Gedanken zur bevorstehenden Reform der deutschen Strafgesetzgebung in GoltdArch. 48, 75. Mag man nun über den Wert oder Unwert des Verweises denken, wie man will (vgl. hierzu Begr. z. Vorentw. S. 43, 44 und auch die „Mahnung" des Entw. einer StPO.: §§ 366, 374, 375 im Zusammenhalt mit der Begr. zu § 482, Seiten 374 u. 375). Jedenfalls gibt es eine nicht geringe Anzahl von Fällen, in welchen eine kleine Freiheitsstrafe, deren Vollziehung mit Aussicht auf Begnadigung ausgesetzt wird, ein weit wirksameres Erziehungs- und Besserungsmittel darstellt. Vgl. noch Andrae in der DJZ. 14, 287.

ternfalls auch die Unbeitreiblichkeit der primären Geldstrafe[1]) feststehen,[2]) und

[1]) In der Literatur hat sich Köhler, Reformfragen des Strafrechts, München (Beck), 1903, für die Zulassung der Aussetzung von primären Geldstrafen ausgesprochen. Diese Auffassung muß aber als dem Wesen des Institutes widersprechend abgelehnt werden. Denn aus der Vollstreckung von Geldstrafen drohen nicht die S. 3 und Anm. [1]) dort angegebenen Nachteile. Erst bei tatsächlichem unverschuldeten Unvermögen zur Leistung der Geldstrafe ist es kriminalpolitisch gerechtfertigt, den Verurteilten vor den gekennzeichneten schädlichen Folgen des Vollzuges der als Ersatz eintretenden Freiheitsstrafe zu bewahren. Mit Recht ist daher nach den geltenden Vorschriften nur die Aussetzung der subsidiären Freiheitsstrafe zulässig. Damit könnte nun freilich der Verurteilte geradezu verleitet sein, die Geldstrafe nicht zu bezahlen. Hiergegen muß jedoch angemerkt werden, daß in praxi bei geringfügigen primären Geldstrafen der JM. eine Aussetzung der Ersatzstrafe nicht zu genehmigen pflegt. Es empfiehlt sich daher, unter Hinweis hierauf den Verurteilten geeignetenfalls zu veranlassen, ein Stundungsgesuch oder ein Gesuch um Gewährung von Teilzahlungen einzureichen. Über ein derartiges Gesuch hat dann, je nachdem eine Frist bis zu 6 Monaten oder 1 Jahre oder darüber hinaus in Frage steht, der Erste Staatsanwalt oder der Oberstaatsanwalt oder der Justizminister, bis zu 1 Monate ev. auch der Amtsrichter zu entscheiden, s. II Ziff. 2, c u. Ziff. 4, 7 Abs. 2, 8 Abs. 2 sowie III Ziff. 2 d. Allg. Vf. d. JM. v. 22. Dez. 11 — I. 6047 — (JMBl. S. 448), All. Erl. v. 18. Nov. 11 (JMBl. S. 448) u. vgl. die Vf. v. 16. Nov. 96 — IVa. 6616 —, abgedr. bei Müller, a. a. O., Bd. II, S. 1760 Zus. a zu Nr. 65. Siehe noch Pfister, Geldstrafen für strafbare Handlungen Jugendlicher, Seiten 268 u. 269 in Nr. 23 d. Z. II (1911) und § 478 d. Entw. einer StPO. (Begründung dazu S. 374). Vgl. auch § 31 des Vorentw. und § 62 des Gegenentw. (Begr. dazu S. 115 bis 117 bez. S. 88, 89).

Verfügungsentwürfe in folgendem Beispiel: N. ist vom Königlichen Schöffengericht in Kattowitz wegen Unterschlagung zu 15 Mark Geldstrafe, im Unvermögensfalle zu 5 Tagen Gefängnis rechtskräftig verurteilt.

I.

Aufforderung an den Verurteilten zur Erklärung binnen einer Woche, in welchen Teilbeträgen er die gegen ihn erkannte Geldstrafe von 15 Mark zu zahlen, und wann er mit der Zahlung zu beginnen gedenkt.

Der Herr Justizminister pflegt bei so geringen Geldstrafen eine Strafaussetzung mit der Aussicht auf einen künftigen Gnadenerweis nicht zu genehmigen.

Zust. Urkunde.

Verurteilter reicht ein Teilzahlungsgesuch ein, inhalts dessen er die Geldstrafe von 15 Mark in monatlichen Beträgen von 3 Mark, beginnend mit dem ersten (Monat) (Jahr), zu zahlen sich verpflichtet.

II.

In Urschrift mit einem Band Akten Herrn Ersten Staatsanwalt in Beuthen O. S. zur weiteren Veranlassung.

Der Erste Staatsanwalt verfügt.

b) die Freiheits- bezw. Ersatzstrafe darf von nicht längerer als sechsmonatiger Dauer[3]) sein.[4])[5])

III.

In Urschrift mit einem Band Akten dem Amtsvorstand in . . . mit dem Ersuchen, namentlich auch durch Nachfrage bei dem Arbeitgeber des Verurteilten N. festzustellen, welchen Verdienst dieser hat, in welchen Zeitabschnitten er den Lohn erhält und welchen Betrag — etwa 5 Mark oder mindestens 3 Mark — er bei Berücksichtigung seiner sonstigen Verpflichtungen an jedem Lohntage wohl als Teilzahlung auf die Geldstrafe abführen könnte.

Sodann ersuche ich, den N. zu Protokoll eindringlichst zu ermahnen, am nächsten Lohntage den gemäß Vorstehendem ermittelten Betrag bei der Gerichtskasse in Kattowitz zum (Aktenzeichen) einzuzahlen, desgleichen am folgenden Lohntage und so fort bis zur völligen Tilgung der Geldstrafe.

Hierbei bitte ich, ihm zu eröffnen, daß, wenn er jetzt nicht den ernsten Willen zeigt, in der angegebenen Weise die Geldstrafe zu entrichten, bei dem Herrn Justizminister beantragt werden wird, die Genehmigung zur Aussetzung der Strafvollstreckung abzulehnen, und daß dann voraussichtlich die Gefängnisstrafe vollstreckt werden wird.

Die Auskunft des Amtsvorstandes und das von diesem aufgenommene Protokoll gehen ein.

IV.

1. Zu schreiben an den Verurteilten.
   In der Strafsache wider Sie (Aktenzeichen, AG. Kattowitz) wird Ihnen auf Ihr Gesuch gestattet, die Geldstrafe in Höhe von 15 Mark in folgenden Teilzahlungen zu entrichten:
   am (Tag, Monat, Jahr) . . 3 Mark,
   am (Tag, Monat, Jahr) . . 3 Mark,
   am (Tag, Monat, Jahr) . . 3 Mark,
   am (Tag, Monat, Jahr) . . 3 Mark,
   am (Tag, Monat, Jahr) . . 3 Mark.
   Diese Vergünstigung erlischt, sobald Sie mit einer Teilzahlung rückständig werden.
2. In Urschrift mit einem Band Akten dem Königlichen Amtsgericht in Kattowitz zur Kenntnisnahme.

²) § 5 Satz 1.

³) Gleichgültig ist es, ob es sich um eine Einzelstrafe oder um eine obiges Höchstmaß nicht überschreitende Gesamtstrafe handelt, ob also nur ein einzelnes Delikt oder ob mehrere realkonkurrierende Straftaten (§ 74 StGB.) gleichzeitig zur Verhandlung und Entscheidung gekommen waren (vgl. hierzu die treffenden Ausführungen von v. Liszt in d. ZStW. 10, 74 unter Nr. 4). — Daß die Dauer von sechs Monaten sich nur auf die Gefängnisstrafe und Festungshaft beziehen kann, ergeben die §§ 77, 14 und bez. 57 StGB. (vgl. Meves, a. a. O., S. 7 unter Nr. 3).

⁴) §§ 1, 7.

⁵) Ausnahmsweise sind auch Personen, die zu längeren als sechsmonatigen Freiheitsstrafen verurteilt sind, zu berücksichtigen, wenn ihnen ähnliche Gründe, wie die oben S. 21 unter b) entwickelten zur Seite stehen, und es sich um Straftaten handelt, an deren Ahndung nach der besonderen Lage der Sache das öffentliche Interesse nur in geringem Maße beteiligt erscheint (§ 3 Abs. 1).

3. Der Verurteilte [1]) [2]) darf zur Zeit der Begehung der ihm

[1]) Zu den Verurteilten gehören auch die durch amtsrichterlichen Strafbefehl (§§ 447 ff. StPO.) mit einer Freiheitsstrafe belegten Personen. Der All. Erl. trifft aber überhaupt nur Verurteilungen durch gerichtliche Entscheidungen, zu welchen indes nicht zu zählen sind die Erkenntnisse der Disziplinargerichte, wenn sie gemäß § 15 Ges. v. 21. Juli 52 (GS. S. 465) auf Arreststrafen lauten, sollten sie selbst gegen einen noch nicht 18 Jahre alten Unterbeamten ergangen sein. (Über die kriminalpolitische Berechtigung der Aussetzung von Arreststrafen vgl. Mittermaier, Bemerkungen zur Einrichtung des sogenannten bedingten Strafaufschubes in der SchweizerZ. f. Strafr. 14, 264. — Darüber, daß auch hinsichtlich der von Disziplinarbehörden verhängten Disziplinarstrafen dem Könige das Begnadigungsrecht im vollen Umfange gemäß § 9 Tit. 13 Teil II ALR. u. Art. 49 Preuß. Verf.-Urk. zusteht, s. Müller, a. a. O. Bd. I, S. 521 Nr. 4, Bd. II, S. 1728 Zus. f zu Nr. 23 u. v. Rheinbaben, Die preuß. Disziplinargesetze, 2. Aufl., Berlin, Franz Vahlen, 1911, Anm. III S. 303. Vgl. noch Art. II Nr. 33 d. Allg. Vf. v. 29. April 07 (JMBl. S. 359) u. dazu v. Rheinbaben, a. a. O. Anm. I S. 338 vbd. mit Anm. III, 2 S. 478)*). Daher sind keine geeignete Grundlage der bedingten Begnadigung die durch polizeiliche Strafverfügungen (§§ 453 ff. StPO., vgl. preuß. Ges. v. 23. April 83, GS. S. 65) und durch die Bescheide der Administrativ-Behörden (§§ 459 ff. StPO.) erfolgten Bestrafungen, weil ihre Vollstreckung — auch im Falle des § 463 StPO. — nicht Sache der Justizbehörden ist, die höchstens zur Erledigung eines Rechtshülfeersuchens der Verwaltungsbehörden tätig werden können (übereinstimmend Lobbold in der OAGZ. 62, 251). Auch eine im Auslande ausgesprochene (erstmalige) Verurteilung ist keine Grundlage für die Anwendung des All. Erl.; dies ergibt sich daraus, daß die Vollstreckung der erkannten Freiheitsstrafe, wenn sie überhaupt im Inlande erfolgen kann, nur im Wege der Requisition geschieht, sonach die inländischen Strafvollstreckungsbehörden nicht „aus eigenem Recht" in Tätigkeit treten (vgl. Meves, a. a. O. S. 5, 6 mit Anm. 1, S. 9 unter 4 γ). — Für die weitere Frage, ob nur Urteile oder auch andere Entscheidungen der Gerichte in Betracht kommen, bleibt beachtlich, daß der Gebrauch des Wortes „verurteilt" nicht entscheidend ist, da auch die StPO. sich des Wortes bedient nicht blos bei Bestrafung durch Urteil, sondern auch bei anderen, eine Strafe aussprechenden Entscheidungen (vgl. Rosenfeld, Der Reichsstrafprozeß, 3. Aufl., Berlin, J. Guttentag, 1909, § 33, III, S. 91). Daß der All. Erl. von diesem gesetzlichen Gebrauche hat abweichen wollen, ist nicht ersichtlich. Es ist demnach gleichgültig, ob die Entscheidung durch Urteil („erkennen") getroffen ist oder nicht, z. B. durch amtsrichterlichen Strafbefehl (vgl. auch den bei Müller, a. a. O., Bd. II, S. 1713 unter Nr. 2, III abgedr. RdErl. v. 10. April 85 — I. 1460 — u. Meves, a. a. O., S. 5).

[2]) In der vorhergehenden Anm. war ausgeführt, daß nur gerichtliche Entscheidungen eine geeignete Grundlage für die bedingte Begnadigung abgeben, und daß der All. Erl. nicht lediglich Strafen im Auge hat, welche durch ein „Urteil" auferlegt

*) Die Betrachtung der ehrengerichtlichen Geldstrafe gegen einen Arzt oder Rechtsanwalt erübrigt hier schon wegen Unzulässigkeit ihrer Umwandlung in Freiheitsstrafe (vgl. Kastel, Begnadigung im ehrengerichtlichen Verfahren usw., Berliner Diss. 1911, u. oben S. 16 Anm. 1).

zur Last gelegten Straftat das achtzehnte Lebensjahr noch nicht vollendet haben,[1]) und muß noch unbestraft sein.[2]) [3]) [4])

---

sind. Nun wird aber das dem Könige nach Art. 49 Abs. 1 der Preuß. Verf.-Urk. vom 31. Jan. 50 zustehende Recht der Begnadigung und Strafmilderung auch auf richterliche Ordnungsstrafen angewendet, s. Schreiben des JM. v. 2. Dez. 09 — I. 8666 —, vgl. Müller, a. a. O., Bd. II, S. 1728, Zus. e zu Nr. 23. Es findet daher die RdVf. v. 12. April 06 auf derartige Strafen in geeigneten Fällen entsprechende Anwendung (RdVf. d. JM. v. 15. Febr. 10 — I. 4158 —, vgl. Müller, a. a. O., Bd. II, S. 1773 Zus. a zu § 1 d. RdVf. v. 12. April 06), so beispielsweise auf die gemäß § 50 StPO. gegen einen unentschuldigt ausgebliebenen Zeugen verhängte Ordnungsstrafe. Ist aber der diese aussprechende „Beschluß" gemäß § 380 ZPO. vom Zivilrichter erlassen, so ist die RdVf. unanwendbar, weil die Vollstreckung der Strafe weder durch den I. StA. noch durch den Amtsrichter erfolgt (s. S. 24). Aus letzterem Grunde folgt das gleiche Resultat in Ansehung der gemäß § 890 ZPO. durch Beschluß rechtskräftig festgesetzten Haftstrafe, auf welche richtiger Ansicht nach das Begnadigungsrecht des Königs ebenfalls sich erstreckt (vgl. Müller, a. a. O., Bd. II, S. 1728, Zus. e zu Nr. 23). Auch auf die gemäß § 179 GVG. wegen Ungebühr in der Sitzung festgesetzte Ordnungsstrafe ist die RdVf. nicht anwendbar, weil mit ihrer Verhängung die Anordnung sofortiger Vollstreckung verbunden sein muß, da eine Strafvollzugsaussetzung den Zweck dieser Strafe offenbar verfehlen würde. Eines Eingehens auf die §§ 56, 96 GVG. endlich bedarf es nicht, weil die Unterstellung einer Freiheitsstrafe für die dort angedrohten Geldstrafen unstatthaft ist (vgl. Meves, a. a. O., S. 5 mit Anm. 1, 2 u. S. 6 oben).

[1]) §§ 1, 7. — Die Vollendung des Lebensalters bestimmt sich nach § 187 BGB., vgl. RGSt. 35, 37. — Die dem Alter gesetzte Grenze entspricht der Norm der §§ 56, 57 StGB. Ebensowenig wie dort, wird auch hier zwischen Personen männlichen und weiblichen Geschlechts unterschieden (vgl. Meves, a. a. O., S. 4). — Ausnahmsweise können auch Personen, die zur Zeit der Tat das achtzehnte Lebensjahr bereits vollendet hatten, berücksichtigt werden, wenn ihnen ähnliche Gründe, wie die oben S. 21 unter b) entwickelten zur Seite stehen, und es sich um Straftaten handelt, an deren Ahndung nach der besonderen Lage der Sache das öffentliche Interesse nur in geringem Maße beteiligt erscheint (§ 3 Abs. 1). Demgegenüber ist es nicht angängig, eine ganze Klasse erwachsener Personen, nämlich verheiratete Frauen ohne Unterschied des Alters den Strafvollstreckungsbehörden zur besonderen Berücksichtigung zu empfehlen und dadurch Anlaß zu geben, hinsichtlich dieser Personen die Grenzen der Ausnahme von der Regel zu überschreiten und die erforderliche sorgfältige Prüfung des einzelnen Falles zurücktreten zu lassen (Vf. d. JM. v. 13. Sept. 00 — I. 5235 —, abgedr. bei Müller, a. a. O., Bd. II, S. 1774 als Zus. zu § 3 RdVf.). — Von medizinischer Seite wird die Strafaussetzung besonders gegenüber gemindert Zurechnungsfähigen [vgl. § 63 Abs. 2 Vorentw. u. Begr. dazu S. 228 ff. sowie die Bemerkung des Strafanstaltsdirektors Pollitz über die besondere Berücksichtigung des Greisenalters und von weiblichen Personen in den BlGefK. 44, 687] empfohlen (vgl. Cramer

in Aschaffenburg's Monatsschrift I (1904), S. 341 ff. u. Tuczek in der Ztschrft. f. klin. Medizin Bd. 53). — Ausländereigenschaft des Verurteilten dürfte grundsätzlich die Anwendbarkeit des All. Erl. ausschließen (s. dazu auch S. 51 Anm. 4). — Die Ausdehnung der bedingten Begnadigung auf das Militärstrafrecht hat zuerst Kriegsgerichtsrat Elsner von Gronow vorgeschlagen im „Tag" v. 13. Dez. 07. Für die Übernahme hat dann Dietz in der „Kölnischen Zeitung" (Nr. 671) geltend gemacht, daß die vor dem Diensteintritt begangenen Übertretungen und Vergehen, die nach Einreihung zur Aburteilung gelangen, aus Gründen der Rechtsgleichheit nicht wie bisher von jener gnadenweisen Berücksichtigung ausgeschlossen bleiben sollten, wie ja auch derartige während der Aktivität verübte Reate nach Beendigung des Dienstverhältnisses den Zivilgerichten zur Aburteilung zufallen, wodurch in solchen Fällen ohnehin der Weg zur bedingten Begnadigung wieder frei werde (vgl. S. 28 Anm. 3). — Aber auch ihrer Zulassung bei militärischen Delikten redet Dietz das Wort, sie hierbei der wechselreichen „bedingten Verurteilung" vorziehend, weil bei der Begnadigung alle Entscheidungen aus einer Quelle (Kriegsministerium) fließen, wodurch also eine größere Vorsicht und Gleichmäßigkeit garantiert sei. Dietz weist auf das MStGB. selbst hin, das sogar bei Feigheit im Kriege von Bestrafung völlig abzusehen gestattet, wenn nach der Tat hervorragende Beweise von Mut abgelegt werden. Daß bei rein militärischen Delikten aus Abschreckungszwecken nur ein sehr beschränkter Gebrauch gemacht werden dürfe, hebt Dietz ausdrücklich hervor. — Mit guten Gründen spricht sich dagegen Dietz gegen die Aufnahme in das Disziplinarstrafrecht aus (vgl. ZStW. 28, 779 unter Nr. 16; 29, 335 unter Nr. 9 und 731 unter Nr. 5 b).

[2]) Da der Begriff der „Verurteilung" voraussetzt, daß der Entscheidung ein gesetzlich geordnetes und nach bestimmten Normen geregeltes Verfahren vorausgegangen ist, so scheiden von vornherein alle Verfehlungen aus, welche der Schulzucht unterbreitet gewesen, selbst wenn sie an sich zur Zuständigkeit der Strafgerichte gehört hätten, sowie diejenigen, die Gegenstand eines besonderen Entscheides z. B. in Vormundschafts- oder Polizei-Exekutiv-Sachen gewesen sind (vgl. Meves, a. a. O., S. 8 oben).

[3]) Die Vorstrafe muß nicht unbedingt durch ein „Urteil" ausgesprochen sein: ein amtsrichterlicher Strafbefehl, eine polizeiliche Strafverfügung oder ein administrativer Strafbescheid sind ausreichend. Allerdings erscheint diese Auffassung an sich nicht unbedenklich, weil gerade die in letzteren Formen ergehenden Entscheidungen zuweilen so geringfügige Verfehlungen zum Gegenstande haben und qualitativ wie ihrer Dauer nach so unbedeutende Vorstrafen aussprechen, daß sie bei der Frage der Berücksichtigung des Verurteilten ausnahmslos einen maßgebenden ungünstigen Einfluß nicht beanspruchen können. Indes bestimmt § 2 Satz 5 der RdVf., daß auch bereits vorbestrafte Personen unter besonderen, eine Ausnahme rechtfertigenden Umständen zu berücksichtigen sind, und daß als solche — in den Prüfungsbereich der Strafvollstreckungsbehörden fallende — Umstände namentlich die Geringfügigkeit der Vorbestrafung und der ihr zu Grunde liegenden Verfehlung in Betracht kommen (vgl. auch Meves, a. a. O., S. 8 unter Nr. 4a mit Anm. 1 daselbst).

[4]) Die Vorentscheidungen müssen rechtskräftig bez. vollstreckbar geworden sein. Auch von den Militärgerichten oder im Auslande erfolgte Verurteilungen sind geeignet — als „erstmalige" — mitgezählt zu werden (vgl. Meves,

4. Der Verurteilte darf die Strafe noch nicht angetreten haben.[1] [2])

b) besondere[3]).

1. Der Verurteilte darf nicht durch Verdorbenheit und verbrecherische Neigungen, sondern mehr durch Leichtsinn, Unbesonnenheit, Unerfah-

---

a. a. O., S. 8/9 unter Nr. 4 β, γ u. wegen Berücksichtigung ausländischer Vorstrafen die auch hier teilweise zutreffende Begr. zu § 89 Abs. 2 d. Vorentw., S. 367/368). Hält man an dem leitenden Gesichtspunkt fest, daß das Institut der bed. Begnadigung nicht Selbstzweck ist, so hat die Maßregel grundsätzlich nur bei demjenigen einen Sinn, der noch nicht mit dem Gefängnis Bekanntschaft gemacht hat. Ob diese Bekanntschaft mit dem Gefängnisse im Inlande oder Auslande gemacht ist, erscheint angesichts des hervorgehobenen Besserungszweckes, der erreicht werden soll, unwesentlich. (Vgl. JKV.: Bericht über die Ausführungen des Staatsanwalts Blume in der ersten Landesversammlung der Gruppe Deutsches Reich zu Halle a./S., Beilageheft zu Bd. 10 d. ZStW. S. 61).

[1]) § 3 Abs. 2 Satz 1. Grundsätzlich sind jedoch Verurteilte, welche die Strafe bereits zum Teile verbüßt haben, nicht ausgeschlossen (§ 3 Abs. 2 Satz 2), zumal wenn die vorherige Prüfung unterblieben ist oder erst nachträglich für die Strafaussetzung sprechende Umstände ermittelt werden, vgl. § 9.

[2]) Untersuchungshaft ist kein grundsätzlicher Ausschließungsgrund. Allerdings wird das Gegenteil daraus gefolgert, daß zwischen dem Erlaß des Urteils und der Entscheidung über die Strafaussetzung eine längere Zeit vergehen kann und dies mit der Natur der „Haftsachen" sich nicht verträgt (vgl. Meves, a. a. O., S. 14 und dortige Anm. 1). Allein solche Auffassung entspricht nicht einem Verfahren im Geiste des All. Erl. in der entscheidenden Erwägung, daß der den Vorschriften gemäße Vollzug der Untersuchungshaft (vgl. § 116 StPO., § 36 Gef.Ord. u. Abs. 6 u. Abs. 7 d. RdVf. v. 13. Dez. 02 — I. 9048 — betr. Behandlung von Untersuchungsgefangenen, abgedr. bei Müller, a. a. O., Bd. II, S. 1842, vgl. auch § 117 d. Entw. einer StPO. nebst Begr. S. 238/239) regelmäßig die verderbliche Berührung mit anderen Gefangenen vermeiden läßt und daher den gewünschten Erfolg einer Besserung des Verurteilten keineswegs in Frage stellt. Bei etwaigem Rechtsmittelverzicht (§ 344 StPO.) hat unverzüglich Entlassung zu erfolgen (OStA. Breslau 2. Jan. 01), da die Strafhaft nicht beginnen darf. Entlassung ist auch erforderlich sofort nach erteilter Strafaussetzung, weil ja die Prüfungszeit in Freiheit verlebt werden muß. — Zur Frage der Reform der Untersuchungshaft vgl. die Aufsätze von Feisenberger u. Rosenberg in Bd. I Heft 3 der „Beiträge zur Reform des Strafprozesses", hrsg. v. Abickes u. a., Berlin, 1908, Verlag J. Guttentag. Siehe noch § 368 d. Entw. einer StPO. über die Einschränkung der Untersuchungshaft im Strafverfahren gegen Jugendliche nebst Begründung in der von O. Liebmann verlegten Ausgabe S. 326, 327 u. vgl. Cohn, Verzicht der Jugendlichen auf Rechtsmittel im Strafprozeß in der DJZ. 16, 1087.

[3]) Die besonderen Voraussetzungen ergeben sich aus dem Zweck der Einrichtung, vgl. S. 3.

renheit oder infolge Verführung zu dem von ihm begangenen Fehltritt veranlaßt sein.[1])

2. Die Umgebung und überhaupt die Verhältnisse, in denen der Verurteilte während der Probezeit[2]) zu leben haben wird, müssen derart sein, daß eine Besserung von dem Verurteilten sich erwarten läßt.[3]) [4])

---

[1]) § 2 Satz 1, also im wesentlichen „Augenblicksdelinquenten". Deshalb werden eben vorbestrafte Personen nur in besonderen Ausnahmefällen in Betracht kommen, vgl. S. 20 Anm. 3. — Neben obigen als berücksichtigungswert genannten Motiven wird auch wirtschaftliche Not in Erwägung zu ziehen sein, ferner kommen Übermut, Naschhaftigkeit, Eitelkeit, Anstiftung durch Gewalthaber usw. in Frage. Vgl. noch Cimbal, Die vorbereitenden Ermittlungen beim Jugendgerichts- und Fürsorgeverfahren S. 25 ff. in Nr. 3 d. Z. II (1911).

[2]) d. i. die Zeit, während welcher die Strafvollstreckung ausgesetzt und dem Verurteilten zur Führung eines ordentlichen Lebenswandels bez. der Strafvollstreckungsbehörde Gelegenheit gegeben wird zu einer weiteren Prüfung des Verurteilten durch Beobachtung seines Lebenswandels und seiner moralischen Aufführung, bevor ev. die endgiltige Begnadigung erfolgt oder die nachträgliche Vollstreckung angeordnet wird, sog. „Bewährungsfrist". Sie bildet wohl den wichtigsten Bestandteil der ganzen Einrichtung. Dies wird durch die Darlegungen weiter unten gerechtfertigt.

[3]) § 2 Satz 6. Daher sind nicht zu berücksichtigen solche Personen, die im Hinblick auf ihre schlechte Führung in Schule, Haus oder Berufsstellung keine Hoffnung auf künftiges Wohlverhalten erwecken (§ 2 Satz 5). — Günstige — eine Besserung in Aussicht stellende — Verhältnisse können aber auch erst geschaffen werden, z. B. durch die Einleitung einer Fürsorgeerziehung. In dieser Beziehung bestimmen in Ausführung des Gesetzes über die Fürsorgeerziehung Minderjähriger v. 2. Juli 00 (GS. S. 264) Nr. II Sätze 1 u. 2 d. Allg. Vf. v. 6. Febr. 01 (JMBl. S. 31), daß die Strafvollstreckungsbehörden in den geeigneten Fällen zu erwägen haben, ob eine Strafaussetzung auf Grund des All. Erl. v. 23. Okt. 95 (JMBl. S. 348) in Erwartung des günstigen Erfolges einer einzuleitenden Fürsorgeerziehung in Aussicht genommen werden kann.*) Zutreffendenfalls sind die Akten alsbald dem zuständigen Vormundschaftsgerichte (§ 4 des Ges.) unter Hinweis auf die Tatsachen, welche eine Verwahrlosung oder die Gefahr einer Verwahrlosung des Verurteilten erkennen lassen, zur Entschließung über die Einleitung der Fürsorgeerziehung, geeignetenfalls auch über eine vorläufige Unterbringung des Minderjährigen (§ 5 des Ges.) vorzulegen. Vgl. § 14 sowie I der gedachten Allg. Vf.

---

*) Dadurch hat die Anwendbarkeit der bedingten Begnadigung eine wesentliche Ausdehnung erlangt; denn alle die Fälle, welche früher nur deshalb ausgeschieden werden mußten, weil die Verhältnisse, in denen der Verurteilte lebte, für seine Besserung keine Gewähr boten, können jetzt unter der oben gedachten Voraussetzung mit berücksichtigt werden. Darauf hat auch Engelmann aufmerksam gemacht (a. a. O., S. 7 Anm. 1). Die für die Fürsorgeerziehung Vorgesehenen bilden nun eine wichtige Gruppe von Aufzunehmenden, s. im Abschnitt I unter D.

v. 6. Febr. 01 u. Art. I Nr. 20 d. Allg. Vf. v. 29. April 07 (JMBl. S. 359). — III ersterer Vf. betrifft, wie hier beiläufig bemerkt wird, die Mitteilungspflicht der Vorsteher der Justizgefängnisse, wenn sie die „Einleitung einer Fürsorgeerziehung" gegen einen jugendlichen Gefangenen nach verbüßter Strafe für notwendig erachten.

[4]) Auch die korrektionelle Nachhaft kann ausgesetzt werden.

a) Durch Erlasse v. 14. Nov. 98 und 25. Juni 01 (IIb. 1471), zu deren Ausführung die Vf. v. 7. Aug. 05 ergangen ist, hat der Min. d. Inn. genehmigt, daß die Landespolizeibehörden in besonders dazu geeigneten Ausnahmefällen ... den Beschluß über die Festsetzung einer durch richterliches Erkenntnis für zulässig erachteten korrektionellen Nachhaft unter den dort vorgesehenen Bedingungen aussetzen.

b) Zur Herbeiführung eines gleichmäßigen Verfahrens hat der JM. durch RdVf. v. 22. Aug. 05 — I. 5910 — (MBlV. S. 135) für die ihm unterstellten Gefängnisse folgendes bestimmt:

I. Die Gefängnisvorsteher haben bezüglich solcher Gefangener, gegen welche auf Überweisung an die Landespolizeibehörde rechtskräftig erkannt ist und welche eine Strafe von drei Monaten und darüber zu verbüßen haben, nach event. Anhörung der Gefängnisoberbeamten und Geistlichen zu erörtern, ob die in den Erlassen zu a für die Aussetzung des Beschlusses der Landespolizeibehörde über die Festsetzung der korrektionellen Nachhaft gegebenen Bedingungen zutreffen und ob insbesondere nach der Führung des Gefangenen während des Aufenthalts im Gefängnis, namentlich auch während der Strafverbüßung, die Aussetzung jenes Beschlusses befürwortet werden kann (vgl. hier unter c).

II. Kann eine Aussetzung des genannten Beschlusses nicht befürwortet werden, so haben die Gefängnisvorsteher zu prüfen, ob nach dem Vorleben des Gefangenen und nach seiner Führung im Gefängnis die Verhängung einer kürzeren oder längeren korrektionellen Nachhaft zu empfehlen ist.

III. Das Ergebnis der Erörterungen zu I und II ist seitens der Gefängnisvorsteher der zuständigen Landespolizeibehörde mindestens zwei Wochen vor der Entlassung des Gefangenen mitzuteilen.

c) Bei der unter I vorgeschriebenen Erörterung wird es von wesentlicher Bedeutung sein, ob der Gefangene nach seiner Entlassung in geordnete Verhältnisse und in eine Umgebung kommt, bei der ein künftiges Wohlverhalten zu erhoffen ist. Dies wird besonders dann zutreffen, wenn der Gefangene sich den Fürsorgevereinen unterstellt oder durch Mitwirkung der Ortsgeistlichen und Gemeindekirchenräte ein solches Unterkommen erhält. Daher werden die Gefängnisvorsteher darauf hingewiesen, daß es sich empfiehlt, zur Vorbereitung der nach obiger Ziff. III an die Landespolizeibehörde zu richtenden Mitteilung sich der Mitarbeit der Ortsgeistlichen, der Gemeindekirchenräte und namentlich der Fürsorgevereine zu bedienen (RdVf. v. 9. Juni 06 — I. 3186 — MBlV. S. 299). — Vgl. Müller, a. a. O., Bd. II, S. 1783 unter Nr. 8, s. noch S. 1839 u. 1840, woselbst die zu a gedachten Erlasse abgedruckt sind, sowie näheres über Fürsorgevereine für entlassene Gefangene bei Klein, Die Vorschriften über Verwaltung und Strafvollzug in den preuß. Justizgefängnissen, 2. Auflage, Berlin (Franz Vahlen), 1910, S. 186, 189, 193, 581 ff. In letzterem Werke ist auch die hier zu a erwähnte Vf. v. 7. Aug. 05 abgedruckt (a. a. O. S. 182).

§ 2. Prüfungsverfahren.

a) Zuständigkeit.

Zuständig ist als Strafvollstreckungsbehörde

1. das Amtsgericht (Schöffengericht) in Ansehung sämtlicher von diesem abgeurteilten Personen,[1]) sonst
2. der Erste Staatsanwalt beim Landgericht.[2]) [3])

b) Prüfung hinsichtlich der Voraussetzungen.

Die Prüfung [4]) erfolgt

1. von Amts wegen, und zwar
   α) grundsätzlich
   bei Jugendlichen[5]) zu einer nicht längeren als sechsmonatigen Freiheitsstrafe an erster Stelle oder für den Unvermögensfall rechtskräftig Verurteilten, die eine Freiheitsstrafe noch nicht verbüßt haben,[6])
   β) ausnahmsweise
   in den zu den Ausnahmen gehörenden Fällen[7]) beim Vorliegen besonderer Umstände unter Berücksichtigung des in der Hauptver-

---

[1]) § 483 Abs. 3 StPO. in Verbindung mit I d. Allg. Vf. v. 14. Aug. 79 (JMBl. S. 237). Vgl. hierzu Dalcke, Strafrecht und Strafprozeß, 12. Aufl., Berlin, H. W. Müller, 1910, S. 899.

[2]) § 483 Abs. 1 StPO., nie der Amtsanwalt: § 483 Abs. 2 StPO.

[3]) Ist ein Amtsgericht in den Bezirk eines anderen Landgerichts übergegangen, so ist in den von einem Amtsgericht oder Schöffengericht in erster Instanz entschiedenen, rechtskräftig erledigten Strafsachen für die von der StA. zu erledigenden Geschäfte (z. B. Weiterreichung von Anträgen des Amtsgerichts auf bedingte Strafaussetzung, auf Widerruf einer solchen oder auf Straferlaß, s. unter II Seiten 40/41, 49 mit Anm. 2 und bez. 64/65) die StA. desjenigen Landgerichts zuständig, zu dessen Bezirk das Amtsgericht nunmehr gehört. Wegen dieser örtlichen Zuständigkeit der Staatsanwaltschaft bei Organisationsänderungen siehe die RdVf. v. 15. Juni 06 (IIc. 3044), abgedr. bei Müller, a. a. O., Bd. I, S. 49 unter Nr. 9 und dort erwähnt Bd. II, S. 1776 im Zus. zu § 19 RdVf. v. 12. April 06.

[4]) „ob der Fall dazu angetan ist, die Vollstreckung der Strafe auf längere Zeit auszusetzen" (§ 1).

[5]) §§ 56, 57 StGB. Vgl. §§ 12 Ziff. 2, 69 Vorentw. S. noch § 364 Entw. einer StPO.

[6]) §§ 1, 7.

[7]) s. S. 17 Anm. 5, S. 19 Anm. 1 u. S. 20 Anm. 3; vgl. S. 30 Anm. 1 sowie S. 21 Anm. 1 u. 2. Vgl. noch über die sog. Ausnahmefälle Meves, a. a. O., S. 11, 12 unter b.

handlung von dem Gericht gewonnenen Eindrucks des Verurteilten,[1]) im übrigen

2. auf Antrag.[2])

Die Prüfung begreift insbesondere:

1. das Vorleben des Verurteilten,[3])
2. die der Tat vorgehenden, sie begleitenden und ihr nachfolgenden Umstände,[4])
3. die Frage nach dem Vorliegen obiger besonderen Voraussetzungen,[5])
4. das Ergebnis der Hauptverhandlung und den in letzterer von dem Gericht gewonnenen persönlichen Eindruck des Verurteilten.[6])

Zu 1 bis 3 werden bisweilen schon die Akten einen genügenden Anhalt geben.[7]) Ist dies nicht oder nur unvollständig der

---

[1]) § 8.

[2]) Jedoch sind allgemeine Gnadengesuche stets auch von Amts wegen in der Richtung zu prüfen, ob sie sich zur Bewilligung der Strafaussetzung mit der Aussicht auf künftige Begnadigung eignen (§ 38 Abs. 2 Satz 1, vgl. d. Allg. Vf. v. 26. Aug. 96 — I. 5015 —). Die Bearbeitung derartiger Gnadengesuche hat durch die Staatsanwaltschaft beim Landgericht zu erfolgen (s. Nr. III d. Allg. Vf. v. 14. Aug. 79, JMBl. S. 237 und dazu Müller, a. a. O., Bd. II, S. 1730, Zusätze zu Nr. 25). Näheres Eingehen auf die sonstige materielle und auch formelle Behandlung solcher Gnadengesuche mit der aus S. 66 Anm. 1 sich ergebenden Maßgabe liegt außerhalb des Rahmens dieser Arbeit (s. darüber Müller, a. a. O., Bd. II, S. 1730ff. u. die betreffenden Abschnitte in den weiter unten angezogenen Büchern von Marck u. Kloß sowie von Krobitzsch).

[3]) § 2 Satz 2.

[4]) wie die Entschädigung des Verletzten, die Abbitte bei dem Beleidigten u. dgl. (§ 2 Sätze 2 und 4).

[5]) s. S. 21 u. 22. — Im Betracht, daß für die Anwendung der bed. Begnadigung der bisherige Lebenswandel des Verurteilten, seine Beweggründe und das Verhalten nach der Tat maßgebend sind (vgl. oben im Text die Ziffern 1 bis 3), erkennt man, daß die Spezialprävention in ihrer Reinheit vorherrschen soll.

[6]) §§ 7, 8. — Hierauf wird namentlich auch bei Handhabung des § 232 StPO. zu achten sein, da eine Würdigung der Persönlichkeit des nicht erschienenen Angeklagten nicht gut möglich ist.

[7]) Die Beamten der Staatsanwaltschaft haben bereits bei der Einleitung des Strafverfahrens darauf Bedacht zu nehmen, daß Umstände, welche für die Frage der späteren Strafaussetzung erheblich sein können, schon im Vorverfahren aufgeklärt werden, soweit dies ohne Gefahr einer Verzögerung oder einer Beeinträchtigung des Zweckes des Strafverfahrens geschehen kann (§ 13), vgl. Nr. 9 d. Erl. d. JM. v. 10. Dez. 02 — I. 9331 —, die Nr. 1 d. Allg. Vf. d. JM. v. 1. Juni 08

Fall, dann sind insoweit zur Aufklärung geeignete Ermittelungen anzustellen.[1]) Zu 4 hat sich das erkennende Gericht im Anschluß an den Erlaß des Urteils darüber zu äußern, ob nach dem in der Hauptverhandlung gewonnenen Eindrucke die Erwirkung einer Strafaussetzung auf Grund des Allerhöchsten Erlasses vom 23. Oktober 1895 in Aussicht zu nehmen ist oder nicht.[2]) [3]) [4]) [5])

(JMBl. S. 237), betr. die im vorbereitenden Verfahren gegen jugendliche Beschuldigte möglichst frühzeitig zu ermittelnden Umstände in Rede, vgl. Nr. 1 d. Allg. Vf. v. 22. Sept. 09 — I. 5096 — (JMBl. S. 335) u. Vf. d. Min. d. Inn. v. 16. Juni 09 (MBlV. S. 165), s. auch die einschlägig in der Praxis gebräuchlichen Formulare (im Anhang S. 100 bis 102) und vgl. das Beispiel bei Krobitzsch, Die Verfügung in Strafsachen, Berlin (Franz Vahlen), 2. Auflage, 1903, S. 220 unter Nr. 5.

[1]) § 2 Sätze 2 und 3. Vgl. S. 28 Anm. 1 und S. 31 Anm. 6.

[2]) § 7. — Nach § 8 ist in gleicher Weise zu verfahren, wenn, abgesehen von den Fällen des § 7, ausnahmsweise nach dem in der Hauptverhandlung von dem Gericht gewonnenen Eindrucke die Erwirkung der Strafaussetzung in Aussicht zu nehmen ist. Vgl. Nr. 1 u. Nr. 2 d. Erl. d. JM. v. 10. Dez. 02 — I. 9331 —.

[3]) Ist die Äußerung vom Schöffen- oder Schwurgericht abzugeben, so erfolgt sie, wenn ihre Abgabe nicht im unmittelbaren Anschluß an die Verurteilung stattfindet, durch den Vorsitzenden nach Anhörung der Schöffen bez. der richterlichen Mitglieder. Eine förmliche Abstimmung ist dabei nicht erforderlich und es ist zulässig, daß der Vorsitzende seine von der Ansicht der übrigen Mitglieder abweichende Ansicht ebenfalls ausspricht. Soll die Äußerung erst nachträglich abgegeben werden (s. S. 34 Anm. 7), so geschieht sie stets durch den Vorsitzenden allein, vgl. die gemeinschaftl. Vf. d. OLGPräs. u. OStA. Breslau v. 12. Febr. 03 — 8. Gen. VIII. 75/2340 —.

[4]) Es empfiehlt sich nicht, dem Verurteilten bei der Urteilsverkündung zu eröffnen, daß er zur Strafaussetzung „mit der Aussicht auf Begnadigung" vorgeschlagen wird, da es ja nicht gewiß erscheint, ob der JM. geneigt ist, dem Vorschlage Folge zu geben (OLGPräs. Breslau — 8. IX. 1², vgl. die auf einem gleichen Gedanken beruhende RdVf. d. JM. v. 5. Juli 10 — I. 5130 —, abgedr. bei Müller, a. a. O., Bd. II, S. 2161 als nachträgl. Zus. i zu Nr. 26 S. 1730). Erfolgt aber eine derartige Eröffnung unter entsprechender Einschränkung, und würde darnach der Verurteilte zunächst einige Zeit, nämlich bis zur Entscheidung des Ministers (und deren Bekanntgabe an ihn), — während der sog. vorläufigen Strafaussetzung —, über sein Schicksal völlig im Ungewissen bleiben, so läge darin noch kein Fehler des Instituts, wie einige vermeinen (vgl. Kaufhold in GoltdArch. 51, S. 114 u. 118), da gerade diese Ungewißheit vor Begehung neuer Fehltritte die nötigen Hemmungen einschalten möchte. Immerhin ist jene Eröffnung besser zu unterlassen, da sie zu Mißverständnissen und dadurch möglicherweise zu Nachteilen für den Verurteilten führen kann, zumal auch das Urteil in der Regel noch der Anfechtung durch Rechtsmittel unterliegt.

Die Äußerung des Gerichts ist von dem Vorsitzenden schriftlich auf einem besonderen Blatte abzugeben.[6]) Sie ist in gedrängter Form zu begründen. Als den inneren Dienst betreffendes Schriftstück ist sie nicht zu den Hauptakten zu nehmen, sondern, falls der Staatsanwaltschaft die Strafvollstreckung obliegt, zu den Handakten der Staatsanwaltschaft zu geben, falls die Strafvollstreckung durch die Amtsgerichte erfolgt, bei diesen gesondert aufzubewahren.[7]) [8]) [9])

---

[5]) Der Terminsdeputierte d. StA. soll nach dem persönlichen Eindruck des Verurteilten und dem sonstigen Ergebnis der Hauptverhandlung seine — für sich allein aber noch nicht entscheidende — Ansicht bezüglich der eventuellen Strafaussetzung kurz zu den Handakten vermerken (OStA. Breslau — 2. Jan. 01). — Über „Handakten" vgl. § 22 d. Gesch.O. f. d. Sekretariate der Staatsanwaltschaften bei den Landgerichten v. 12. Nov. 06 (JMBl. S. 485).

[6]) Die Äußerung des Gerichts über eine etwaige Strafaussetzung gehört nicht in das Protokoll, vgl. Stölting u. Arnim, Protokoll-Muster f. d. Hauptverhandlung vor der Strafkammer, Berlin, 1905, R. v. Deckers Verlag, S. 32 Anm. 2.

[7]) § 10. — Die gleichen Sätze gelten für die (S. 26 in Anm. 2 berührte) Äußerung in Gemäßheit des § 8. Vgl. Nr. 4 d. Erl. d. JM. v. 10. Dez. 02 — I. 9331 —.

[8]) Eine solche Äußerung kann z. B. lauten: „Das Gericht befürwortet die Strafaussetzung, weil der bisher unbescholtene Verurteilte wohl nicht durch Verdorbenheit und verbrecherische Neigung, sondern mehr durch Leichtsinn und Unbesonnenheit zu dem von ihm begangenen Fehltritt veranlaßt worden ist. Verurteilter hat kurz nach der Tat von Gewissensbissen geplagt das entwendete Gut zurückgegeben, so daß ein Schaden nicht erwachsen ist, er hat dem Bestohlenen Abbitte geleistet und dessen Verzeihung erlangt."

[9]) Die Strafaufschubsäußerungen werden bei den Amtsgerichten regelmäßig zu einem Generalaktenstück genommen, welchem ein den Namen, den Stand, den Wohnort des Verurteilten sowie das Aktenzeichen enthaltendes Verzeichnis vorzuheften und worin zweckmäßig auf das Blatt des Sammelaktenstückes zu verweisen sein wird, wo die bezügliche Äußerung sich befindet. Andererseits wird sich ein entsprechender Hinweis bei den einzelnen Strafakten um so mehr empfehlen, als die Äußerung des Gerichts nach Erlaß des Urteils zunächst zu den Generalakten geht und später wieder heranzuziehen ist bei Einstellung des Falles in das Verzeichnis A, in welches sie wörtlich aufzunehmen (s. S. 34, 39). Der Gerichtsschreiber würde dann allgemein anzuweisen sein, die Ziffer, welche das die Äußerung enthaltende Blatt in den Generalakten erhalten hat, nachzutragen in dem betr. Strafaktenstück; vgl. den Verfügungsentwurf S. 71 Anm. 6 unter I zu 2). Über den Begriff, die Anlegung, das Aktenzeichen und die Inhaltsübersicht von Generalakten vgl. noch § 10 Abs. 2, § 7 Abs. 2, § 7 Abs. 7 bez. Abs. 4 u. § 8 Abs. 14 bez. Abs. 13 d. Gesch.O. f. d. Gerichtsschreibereien der Amtsgerichte und Sekretariate der Staatsanwaltschaften bei den Landgerichten v. 11. Okt. 06, JMBl. S. 304 bez. v. 12. Nov. 06, JMBl. S. 485.

Hat das Gericht für die Erwirkung der Strafaussetzung sich ausgesprochen, und leitet die erwähnten Ermittelungen ein,[1]) so ist doch dabei auch zu beachten die vorläufige Mitteilung an den Verurteilten und die etwaige Anhörung anderer Beteiligter.

Es können nämlich Fälle vorkommen, in denen das eigene Interesse des Verurteilten die sofortige Vollstreckung der Strafe angezeigt erscheinen läßt, wie etwa wenn es sich einerseits nur um eine geringfügige Strafe, andererseits um den bald bevorstehenden Antritt einer neuen Stelle[2]) [3])

---

[1]) und zwar, — wenn dies nicht schon früher geschehen ist (vgl. S. 25 Anm. 7) —, regelmäßig sogleich nach Erlaß des Urteils, ohne daß die Rechtskraft abgewartet wird, was namentlich dann gilt, wenn eine Freisprechung in höherer Instanz nach Lage der Sache unwahrscheinlich ist; ebenso wird, wenn die Erwartung begründet ist, daß die an erster Stelle verhängte Geldstrafe nicht beizutreiben sein wird, der Verlauf des Beitreibungsverfahrens nicht abzuwarten sein (§ 12 Sätze 4 bis 6), vgl. Abs. 2 Sätze 4 bis 6 d. Allg. Vf. v. 28. Juni 05 — I. 3143 —.

[2]) Über Strafaussetzung im Interesse des Arbeitgebers s. Vf. d. JM. v. 25. Juli 00 — I. 4449 —, abgedr. in dem bewährten Buch von Ebert, Das amtsgerichtliche Dezernat, 9. Aufl., Breslau, (Verlag von M. u. H. Marcus), 1910, S. 123. Vgl. noch wegen Berücksichtigung der Interessen der Arbeitgeber (Lehrmeister, Dienstherrn) bei Heranziehung von Arbeitern zur Strafverbüßung die RdVf. d. JM. v. 17. Sept. 96 — I. 5235 — u. die diese erläuternde RdVf. v. 27. Okt. 96 — I. 5436 — in den Generalakten.

[3]) Die weiter folgenden Worte „oder den Eintritt in das Heer — der nach § 18 des Reichs-Militärgesetzes v. 2. Mai 1874 (RGBl. S. 45) nicht vor Vollstreckung oder Erlaß der Strafe erfolgen darf —“ sind weggefallen gemäß Ziff. 1 der die RdVf. v. 12. April 06 abändernden RdVf. d. JM. v. 5. April 11 — I. 4543 — (s. Generalakten). Diese Abänderung gründet sich darauf, daß nach der neu eingefügten Ziffer 5 zu § 30 WO. (s. Bekanntmachung v. 15. Sept. 10, ABBl. S. 242) die Bestimmung der Ziffer 1 des § 30 WO. (vgl. § 81 Ziff. 3 WO.), inhalts deren „wer zu einer Freiheitsstrafe oder zu einer in Freiheitsstrafe umzuwandelnden Geldstrafe rechtskräftig verurteilt ist, nicht vor deren Vollstreckung oder Erlaß zum Dienst im Heere (oder in der Marine) eingestellt wird,“ keine Anwendung findet auf die rechtskräftig verurteilten Wehrpflichtigen, denen u. a. ein Strafaufschub mit der Aussicht auf Begnadigung gewährt worden ist. Vgl. noch § 7 Nr. 2 MStGO.: Eingestellte unterliegen wegen der vor dem Diensteintritte begangenen strafbaren Handlungen in Abweichung von dem Grundsatze des § 6 MSt.-GO. nicht der Militärstrafgerichtsbarkeit, sofern die Entlassung aus dem aktiven Dienst erfolgt; die Entlassung findet statt, wenn eine Verurteilung zu einer Freiheitsstrafe von mehr als sechs Wochen oder im Falle der Verurteilung zu einer Geldstrafe die Vollstreckung einer an Stelle derselben tretenden Freiheitsstrafe von gleicher Dauer zu erwarten ist (vgl. § 82 Ziff. 2c[aa] WO.). Wird dann die vom bürgerlichen Gericht

handelt. Deshalb soll in allen für berücksichtigungswert gehaltenen Fällen dem gesetzlichen Vertreter des Verurteilten[1]) oder, wenn der Verurteilte bereits achtzehn Jahre alt ist, diesem selbst die kurze formularmäßige Eröffnung gemacht werden, „daß beabsichtigt werde, für den Verurteilten eine längere Strafaussetzung zu beantragen, nach deren Ablauf geprüft werden würde, ob auf Grund guter Führung für ihn ein Gnadenerweis erbeten werden könne, und daß sofort unter Angabe der Gründe Anzeige zu erstatten sei, wenn etwa dagegen Bedenken beständen und die alsbaldige Strafvollstreckung gewünscht werde."[2]) — Unter Umständen ferner werden auch andere Privatpersonen, wie Brotherren und Pflegeeltern oder Behörden, wie namentlich die Schulbehörde,[3]) an der Frage der Gewährung der

---

in erster Reihe oder hilfsweise erkannte Freiheitsstrafe ausgesetzt, so erfolgt nach dem zuvor Gesagten die Einstellung, während andernfalls der angegebene zeitige Ausschließungsgrund nach § 18 RMG. Platz greift (vgl. auch Weigel, Militärstrafgerichtsordnung, München, C. H. Beck, 1899, die Anm. zu §§ 6, 7 Seiten 16 bis 18). Im Zusammenhange steht die unter A. Nr. 10 Abs. 3 d. Allg. Vf. v. 29. April 07 (JMBl. S. 359) in der Fassung d. Allg. Vf. v. 2. April 09 (JMBl. S. 78) angeordnete Mitteilungspflicht an den Zivilvorsitzenden der Ersatzkommission, wenn bei einer Untersuchung, welche eine Übertretung zum Gegenstande hat, deren Bestrafung in die Strafregister aufzunehmen ist (s. S. 92 Anm. 2), ein auf Strafe lautendes Urteil oder ein Strafbefehl die Rechtskraft erlangt hat, weil hier die höchste Strafe nur sechs Wochen beträgt (§ 1 Abs. 3, § 18 Abs. 1 StGB.), also nötigenfalls auch im Militärverhältnis vollstreckt werden kann (§ 7 Ziff. 3 WO., § 7 Nr. 2 MStGO.). Dessenungeachtet wird beiläufig auch schon vor Erhebung der öffentlichen Klage oder noch früher Mitteilung zu machen sein, wenn mehrere Übertretungen vorliegen und eine höhere als sechswöchige Gesamtbetragsstrafe zu erwarten steht (§ 77 Abs. 2 StGB.).

[1]) Wer gesetzlicher Vertreter ist, bestimmt sich nach den Vorschriften des BGB. (vgl. Entsch. d. RG. in Strafs. Bd. 1, S. 370). Darnach sind gesetzliche Vertreter der Vater bez. die Mutter, der Vormund oder der Pfleger (a. a. O. §§ 1626 ff., 1627, 1630 Abs. 1; §§ 1684 ff., 1686; §§ 1773 ff., 1793; §§ 1909 ff., 1915 Abs. 1).

[2]) Vgl. Abs. 1 des Runderlasses v. 26. Febr. 98 — I. 1220 —. Hier ist hervorgehoben, daß in der Eröffnung an den Verurteilten der Ausdruck „Gnadenerweis" und nicht „Begnadigung" zu gebrauchen ist, weil letzterer zu dem Mißverständnis Veranlassung gegeben, als sei er im Sinne von Straferlaß angewendet, während doch auch eine teilweise Begnadigung (Ermäßigung oder Umwandlung der Strafe) oder eine solche unter Bedingungen in Frage kommen könne.

[3]) Indem so der Schulvorstand von der Verurteilung des Schülers zu Strafe mittelbar in Kenntnis zu setzen ist (vgl. auch d. Allg. Vf. v. 17. Okt. 81, JMBl. S. 248: Vollstreckungsmaßnahmen bei Schulkindern nach vorheriger Anfrage beim Schul-

Strafaussetzung interessiert und daher zu hören sein. Das gleiche gilt von Behörden, deren amtliche Interessen durch die Straftat verletzt sind, wie z. B. von der Eisenbahnbehörde im Falle der Transportgefährdung.[1]) In Fällen der Bestrafung von Fortbildungsschülern wegen Verletzung der ihnen als solchen obliegenden Pflichten ist der Regierungspräsident zu hören, und es ist in dem zu erstattenden Bericht anzugeben, ob er dem Antrage zustimmt.[2]) [3])

Bei Vornahme der mehrfach gedachten Ermittelungen

---

vorstand über die gelegenste Zeit der Vollstreckung), wird der eine Mitteilung über den Ausgang der Verfahrens nicht vorschreibende Satz 2 unter A. Nr. 18 d. Allg. Vf. v. 29. April 07 (JMBl. S. 359) insoweit wünschenswert ergänzt. Vgl. das Beispiel eines einschlägigen Schreibens an den Lokalschulinspektor bei Marck und Kloß, Die Staatsanwaltschaft bei den Land- und Amtsgerichten in Preußen, Berlin, Carl Heymann, 2. Auflage, 1903, S. 562 u. siehe auch die vorbildlichen Bestimmungen in Bayern v. 7. April 11 betr. das Strafverfahren gegen jugendliche Beschuldigte und deren bedingte Begnadigung, abgedr. S. 34/35 in Nr. 3 d. Z. III (1912).

[1]) Vgl. §§ 315, 316 StGB. — Nach der RdVf. des JM. v. 30. Nov. 96 — I. 6183 —, betreffend die Anträge der Eisenbahnbehörden auf bedingten Strafaufschub (unberührt nach § 41) in Verbindung mit d. Erl. d. Min. d. öff. Arb. v. 24. Okt. 96 — IV^{a}. B. 8907 — (abgedr. in Nr. 31 des Eisenbahn-Verordnungsblatts und bei Marck und Kloß, a. a. O., S. 560) ist den Gesuchen der Eisenbahnbehörden um Erwirkung der Strafaussetzung und demnächstigen Begnadigung nach Möglichkeit zu entsprechen. Der S. 19 Anm. 1 ausgesprochene Satz, daß Personen im Alter über achtzehn Jahren die Strafaussetzung nur ausnahmsweise zuteil werden soll, kommt auch gegenüber den im gedachten Erlaß d. Min. d. öff. Arb. erwähnten Verurteilten zur Anwendung. In diesem Erlaß ist die gleichmäßige Anwendung der bedingten Begnadigung auf die wegen Gefährdung von Eisenbahntransporten verurteilten Eisenbahnbediensteten unter den sonstigen Voraussetzungen ausdrücklich vorgeschrieben. Dabei ist bemerkt, von der in Rede stehenden Maßnahme werde in der Regel abgesehen werden müssen, falls der Verurteilte aus dem äußeren Betriebsdienste zurückgezogen werde, und also keine Gelegenheit mehr habe, seine Besserung zu beweisen. — Die beim Ablauf der Strafaussetzungsfrist in Erwägung zu ziehende Begnadigung könnte nur dann befürwortet werden, wenn der Verurteilte sich inzwischen nicht neue Pflichtversäumnisse ähnlicher Art habe zu schulden kommen lassen. Bei Mitteilung über die Strafaussetzung sei deshalb der Verurteilte in geeigneter Weise über die Bedeutung dieser Maßnahmen zu belehren und darauf hinzuweisen, daß es von der seinerseits bei Wahrnehmung der Dienstgeschäfte bewiesenen Sorgfalt und Aufmerksamkeit abhängen werde, ob er seiner Zeit zur Begnadigung in Vorschlag gebracht werden könne. — Über die beschleunigte Bearbeitung von Eisenbahnunfallsachen und die einschlägige Mitteilungspflicht s. die Vf. d. JM. v. 19. Okt. 86 — I. 3420 — in den

nun ist die Benutzung des Formulars St. A. 66 üblich.[4]) Die Ermittelungen sind zu beschleunigen.[5]) Sie sind nicht nur bei Erlaß und Ausführung der erforderlichen Verfügungen als eilbedürftig zu behandeln,[6]) sondern es ist auch auf eine schleunige Erledigung der Anfragen durch die um Auskunft angegangenen Stellen hinzuwirken.[7]) Dies geschieht unter anderem durch eine eingehende und klare Fragstellung und durch möglichst gleichzeitiges Angehen der verschiedenen zur Auskunftserteilung heranzuziehenden Stellen.[8])

Generalakten bez. A. Nr. 15 d. Allg. Vf. v. 29. April 07 (JMBl. S. 359), vgl. hierzu Engelmann, a. a. O., S. 73 bis 75 nebst Nachtrag S. 10/11 bez. S. 53 u. 54.

[2]) § 4. Vgl. insb. § 150 [4] GewO. u. Siercks, Das dtsch. Fortbildungsschulwesen, Leipzig 08, S. 97/98, 63 sowie Ortlieb, Strafen in der Fortbildungsschule, Breslau (Priebatsch).

[3]) vgl. ferner S. 22 Anm. 3. [4]) s. im Anhang S. 103.

[5]) Die Allg. Vf. v. 23. Juli 86 (JMBl. S. 201) schreibt besondere Beschleunigung vor für Strafsachen gegen solche Personen, deren Einstellung in das Heer bevorsteht (vgl. § 11 Nr. 1 der Heerordnung v. 22. Nov. 88 [im Neudruck erschienen 1904]). Diese Verfügung ist in Erinnerung gebracht durch Allg. Vf. v. 15. Juni 00 (JMBl. S. 440), vgl. auch S. 28 Anm. 3. — Darüber, daß die Bearbeitung der Strafsachen im allgemeinen zu beschleunigen, s. d. RdVf. d. JM. v. 12. Dez. 91 — I. 4917 — und d. Allg. Vf. v. 14. Dez. 94 (JMBl. S. 340), abgedr. bei Müller, a. a. O., Bd. II, S. 1126/1127 unter Nr. 41, vgl. auch die Vf. d. OLGPräs. Breslau v. 24. Okt. 95 — VIII. 75. Ia./14 730 —, abgedr. bei Ebert, a. a. O., S. 589 u. 590.

[6]) Vgl. Abs. 1 Satz 2 d. Allg. Vf. v. 28. Juni 05 — I. 3143 —: es ist darauf hinzuwirken, daß die Entscheidung, ob die Strafe zu vollstrecken oder auszusetzen sei, baldigst nach Eintritt der Rechtskraft des Urteils ergeht. Die erforderlichen Ermittelungen sind daher stets als eilig zu behandeln. Vgl. hierzu Abs. 1 Satz 1 a. a. O.: „die durch den All. Erl. eingeführte Strafaussetzung mit dem Ziel späterer Begnadigung läßt den gewünschten Erfolg einer Besserung des Verurteilten durch die in der bloßen Tatsache der Verurteilung liegende Warnung nur dann erwarten, wenn das Gefühl für den Ernst der Strafe und für die in ihrer einstweiligen Nichtvollstreckung liegende Wohltat in den Verurteilten lebendig ist". Dies ist aber eben nur dann zu erreichen, wenn das Verfahren in der zuvor betonten Weise beschleunigt wird.

[7]) Vgl. noch über Vorlegung von „Eilsachen" und Bezeichnung als solche § 14 Abs. 2 bez. § 12 Abs. 2 u. § 7 Abs. 12 bez. Abs. 9, § 16 Abs. 3 bez. § 14 Abs. 3 d. Gesch.O. f. d. Gerichtsschreibereien der Amtsgerichte und Sekretariate der Staatsanwaltschaften bei den Landgerichten v. 11. Okt. 06, JMBl. S. 304 bez. v. 12. Nov. 06, JMBl. S. 485.

[8]) § 12 Sätze 1 bis 3 (vgl. Abs. 2 Sätze 1 bis 3 der Allg. Vf. v. 28. Juni 05 — I. 3143 —). Hier kommt der Grundsatz konzentrischen Vorgehens zum Ausdruck.

c) Ergebnis der Prüfung[1]).

1. Fällt die Prüfung zu Ungunsten des Verurteilten aus, und besteht, sofern das Gericht die Erwirkung der Strafaussetzung befürwortet hat, Einverständnis zwischen der Strafvollstreckungsbehörde und dem Vorsitzenden des Gerichts darüber, daß nach dem Ergebnis der nachträglichen Ermittelungen eine Strafaussetzung nicht in Aussicht zu nehmen ist, so ist der Strafvollzug herbeizuführen.[2]) Bei Anordnung der Strafvollstreckung ist in den Akten durch einen kurzen Vermerk, wie etwa „Strafaussetzung nicht veranlaßt", ersichtlich zu machen, daß die Prüfung stattgefunden hat.[3]) [4])

[1]) Vgl. zum folgenden Text Meves, a. a. O., S. 11, Absatz vor lit. b.

[2]) § 11 Abs. 2. Jedoch sind die Akten unter vorläufiger Aussetzung des Strafvollzugs — von den Amtsgerichten durch Vermittelung des Ersten Staatsanwalts — dem Justizminister zur Herbeiführung eines gleichmäßigen Verfahrens einzureichen in dem speziellen Falle, daß für einen Verurteilten, dem in einer anderen Strafsache bedingte Strafaussetzung bewilligt worden ist, eine Strafaussetzung nicht in Aussicht genommen, in der anderen Strafsache aber ein Widerruf (s. S. 48) der Strafaussetzung nicht beantragt wird (§ 16). Den betr. Bericht, z. B. mit dem Ziel: kein Widerruf der in der anderen Sache bewilligten Strafaussetzung und Genehmigung der Strafaussetzung auch in der neuerlichen Sache bis zum . . ., erstattet also stets der Erste Staatsanwalt. Dieser hat gegebenenfalls das Amtsgericht von der Entscheidung des Justizministers, z. B. dahin: daß von einem Widerruf der in der anderen Sache am . . . erteilten Genehmigung Abstand genommen und wegen der neuerdings erfolgten Verurteilung ein Antrag auf Strafaussetzung in Gemäßheit des All. Erl. v. 23. Okt. 95 durch Aufnahme des Falls in das nächste Verzeichnis A [s. S. 34] zu stellen ist, in Kenntnis zu setzen. — Wird eine Gesamtstrafe gebildet (vgl. §§ 74, 79 StGB., §§ 492, 494 StPO.), so wird die Aufnahme in das Verzeichnis A u. ev. späterhin auch in das Verzeichnis B [s. S. 59, 64] von den Akten aus, in welchen die Gesamtstrafe gebildet ist, einheitlich zu veranlassen sein.*)

[3]) § 15. Dabei sollen in Kürze die Gründe für die Vollstreckung angegeben werden (vgl. das Beispiel bei Krobitzsch, a. a. O., § 96, I, S. 274); mit Rücksicht auf die Zulassung der Beschwerde (s. flgde. Anm.) dürfte es jedoch zweckmäßig sein, eine allgemeine Bestimmung dahin zu treffen, daß der Vollstreckungsvermerk ausführlich begründet werden muß. Diese Begründung wäre auch verwertbar für den Bescheid, welcher zu erteilen ist, falls ein Antrag vorlag, den Verurteilten der bedingten Begnadigung zu empfehlen. — Jede derartige Verfügung ist vom Ersten Staatsanwalt oder dessen Vertreter unter Kenntlichmachung der vertretungsweisen Gegenzeichnung, etwa durch den Zusatz „Einverstanden" und Unterschrift, gegenzuzeichnen. — OStA. Breslau 2. Jan. 01.

[4]) Nicht berücksichtigte Personen, welche für sich oder ihre Angehörigen einen Anspruch auf Aufnahme in das Gnadenverzeichnis zu haben glauben, sind

*) Wegen Mitteilung der Gesamtstrafe an das Strafregister vgl. Abs. 10 d. RdVf. d. JM. v. 30. Sept. 08 (JMBl. 11, S. 439).

2. Liegt der Fall **zweifelhaft**, wenn nämlich das **Gericht für** die Erwirkung der Strafaussetzung sich ausgesprochen hat, die **Strafvollstreckungsbehörde** dagegen letztere **nicht** befürwortet und das hier unter Ziffer 1 angegebene **Einverständnis nicht** besteht (Fall der **Diskrepanz**), so darf die Strafvollstreckungsbehörde die Einstellung des Falles in das **Verzeichnis** A (s. S. 34) **nicht ablehnen**, vielmehr hat die Einstellung „einstweilen“ zu erfolgen, und ist in dem gewöhnlichen Geschäftsgange — von den Amtsgerichten durch Vermittelung des Ersten Staatsanwalts [5]) — die **Entscheidung des Justizministers einzuholen**.[6])

3. **Fällt die Prüfung zu Gunsten** des Verurteilten aus,[7]) so ist von den Seite 24 genannten Behörden, wie folgt, zu verfahren.

---

befugt, auf dem gewöhnlichen Instanzenwege die Entscheidung der vorgesetzten Dienstbehörde anzurufen (§ 40 Abs. 2). Eine Beschwerde im Sinne der StPO. gibt es freilich nicht (vgl. Meves, a. a. O., S. 12 mit Anm. 1). Denn dem Gesetz ist zu entnehmen, daß die bedingte Strafaussetzung nicht zu den Fällen des notwendigen Strafaufschubes (§ 487 StPO.) gehören kann: dazu bedurfte es einer gesetzlichen Bestimmung. Daraus folgt aber, daß es einen Rechtsanspruch auf bedingte Strafaussetzung eben nur in dem Sinne geben kann, als die Organe, welche sie handhaben, nach Maßgabe der Staatsverfassung Aufsichtsinstanzen unterworfen sind, die ihrerseits die Abänderung der getroffenen Entscheidungen herbeizuführen vermögen (vgl. **Langer**, Bedingte Begnadigung und vorläufige Entlassung, Aschaffenburgs Monatsschrift II (1905), S. 482).

[5]) s. hierzu §§ 19, 32 u. vgl. S. 40/41 bez. 64/65: unter II, 1.

[6]) § 11 Abs. 1 Satz 1. Der Antrag auf Bewilligung einer **bestimmten Bewährungsfrist** ist in diesem Falle ein **bedingter**. Dem Antrage sind die **Akten beizufügen** (§ 11 Abs. 1 Sätze 2 u. 3), vgl. Nr. 5 d. Erl. d. JM. v. 10. Dez. 02 — I. 9331 —. Die Eintragung in Spalte 7 des Verzeichnisses A (s. S. 35 unter b, α) kann z. B. lauten: „31. Dezember 1915 — bedingt“, und dann in Spalte 8 zu b bez. c (s. S. 39): „Das Gericht befürwortet die Strafaussetzung [nähere Begründung]“ bez. „Die Strafvollstreckungsbehörde vermag die Strafaussetzung nicht zu befürworten [nähere Begründung]. Darnach wird die Strafaussetzung anheimgestellt.“ — Es ist **nicht zulässig**, daß der **Erste Staatsanwalt** eine von einem **Schöffengerichte** verurteilte Person seinerseits **in das Verzeichnis** A (s. S. 34) **einstellt**. Wenn der Erste Staatsanwalt Aussetzung der Strafvollstreckung in Gemäßheit des All. Erl. v. 23. Okt. 95 für angezeigt erachtet, die Strafvollstreckungsbehörde eine solche aber nicht beantragen will, so ist die **Entscheidung des Justizministers mittels Sonderberichts einzuholen** (Vf. d. JM. v. 30. Juni 08 — IVa. 3018 —, abgedr. bei Müller, a. a. O., Bd. II, S. 1775 als Zus. zu § 11 RdVf.).

§ 3. Erwirkung der Strafaussetzung.

I. Aufstellung des Verzeichnisses A.

Die einer Strafaussetzung würdig Befundenen sind in das nach dem amtlichen Formular St. A. 194[1]) zu führende Verzeichnis A unter fortlaufenden Nummern einzustellen. Der Vordruck der Formulare ist sorgfältig zu beachten,[2]) der Verurteilte ist als solcher, nicht als Angeklagter zu bezeichnen, die Verzeichnisse sind von der berichtenden Behörde unterschriftlich zu vollziehen.[3])

Im einzelnen ist folgendes zu beachten.

a) Spalte 4. „Straftat unter Bezeichnung des Strafgesetzes". Es sind hier [4]) die näheren Umstände des Herganges in knapper Form hervorzuheben, soweit sie für das Verständnis der Tat und ihre Bedeutung wesentlich sind.[5]) [6])

---

[7]) Will solchenfalls die Strafvollstreckungsbehörde eine Strafaussetzung erwirken, so hat sie, sofern eine Äußerung des Gerichts nicht ergangen ist, nach Abschluß ihrer Ermittelungen die Akten dem Gericht zur nachträglichen Äußerung vorzulegen (§ 9), vgl. Nr. 3 d. Erl. d. JM. v. 10. Dez. 02 — I. 9331 —. Für diese Äußerung gelten ebenfalls die S. 26/27 angegebenen Sätze (§ 10). Vgl. S. 26 Anm. 3. — Spricht sich nun das Gericht dagegen aus, so berichtet der I. StA. an den JM., sonst s. o.

[1]) s. im Anhang S. 104.

[2]) damit die nicht selten bemerkten Lücken oder Ungenauigkeiten in den Angaben über das Alter des Verurteilten, das angewendete Strafgesetz, das Datum des Urteils und dgl. vermieden werden (§ 17 Abs. 1 Satz 4 zweite Hälfte, s. hierzu die Überschrift der Spalten 3, 4 und 6 des Formulars im Anhang S. 104).

[3]) § 17 Abs. 1 Sätze 1, 3 u. 4 erste Hälfte sowie Abs. 2, vgl. Nr. 1 d. Erl. d. JM. v. 16. Juli 98 — I. 4390 —. Nach der Allg. Vf. d. JM. v. 25. April 06 (JMBl. S. 112) und der sie abändernden Allg. Vf. v. 9. Nov. 10 (JMBl. S. 393) hat der Gerichtsschreiber nach Weisung des Richters die Ausfüllung der Spalten 1 bis 6 zu entwerfen (II Ziffer 46), dgl. nach der Allg. Vf. d. JM. v. 7. Mai 06 (JMBl. S. 139) und der sie abändernden Allg. Vf. v. 9. Nov. 10 — I. 7530 — der Sekretär nach Weisung des Staatsanwalts (IV Ziffer 16). Mit dieser Maßgabe hat der Sekretär auch Anfragen über Vorleben, Führung usw. der Verurteilten vor Einstellung in das einzureichende Verzeichnis A zu entwerfen (IV Ziffer 11).

[4]) nicht erst in der Begründung des Antrages — Spalte 8 bez. Spalte 9 des weiter unten besprochenen Verzeichnisses B — (§ 18 zu a Satz 4), vgl. Nr. 2 d. Erl. d. JM. v. 16. Juli 98 — I. 4390 —.

[5]) § 18 zu a Sätze 1 u. 2, vgl. Erl. d. JM. v. 5. Febr. 96 — I. 644 — und Nr. 2 d. Erl. d. JM. v. 16. Juli 98 — I. 4390 —. Die Eintragung hat z. B. zu lauten: „Einfacher Diebstahl, § 242 StGB. Entwendung zweier Tauben aus dem unver-

b) Spalte 7.[1]) „Es wird beantragt, die Vollstreckung der Freiheitsstrafe auszusetzen bis“.

α) [2]) Die Bewährungsfrist ist in der Regel auf zwei, in schwereren Fällen auf drei Jahre, in Fällen nahe bevorstehender Verjährung so zu bemessen, daß sie mindestens drei Monate vor dem Eintritte der Verjährung abläuft.[3]) [4]) Als End-

---

schlossenen Taubenschlage des Nachbarn“, oder „Unterschlagung, § 246 StGB. Der Verurteilte hat zwanzig Pfennig, welche ihm von seinem Lehrherrn zur Bezahlung einer Schuld des letzteren übergeben waren, dazu verwendet, sich Naschwaren zu kaufen“, vgl. auch das Beispiel bei Krobitzsch, a. a. O., S. 276. — Ebenso ist z. B. bei Sachbeschädigungen, die je nach den Umständen aus Rache, Feindschaft, Rohheit oder aus kindischem Mutwillen hervorzugehen pflegen, nicht nur Art und Umfang der Beschädigung, sondern auch der Beweggrund zur Tat tunlichst kurz anzugeben (§ 18 zu a Satz 3).

[6]) Geeignetenfalls kann demnächst die Darstellung aus dem Verzeichnis A in die Spalte 4 des weiter unten besprochenen Verzeichnisses B übernommen werden (§ 30 zu a, vgl. Nr. 2 d. Erl. d. JM. v. 16. Juli 98 — I. 4390 —).

[1]) Wegen Spalte 6 vgl. Nr. 1, I Erl. d. JM. v. 20. Mai 99 — I. 2039 —.

[2]) vgl. Erl. d. JM. v. 5. Febr. 96 — I. 644 —.

[3]) § 18 zu b Abs. 1 Satz 1, vgl. Nr. 4 d. Erl. d. JM. v. 16. Juli 98 — I. 4390 —. Darnach ist für die Bestimmung der Dauer der Bewährungsfrist ein gewisser Spielraum gestattet mit der Maßgabe, daß sie kürzer als die Verjährungsfrist sein muß, da verhindert werden soll, daß im Fall der Bewährung die Sache durch die Verjährung und nicht durch ausdrücklichen Straferlaß ihre endgiltige Erledigung findet. Denn die bedingte Begnadigung muß, ihrem Wesen entsprechend, Gewicht darauf legen, daß der Straferlaß nicht als ipsa lege-Folge der Bewährung, vielmehr durch Vermittelung eines Aktes der Gnade eintritt, demgemäß für sie das Bedürfnis besteht, den Einfluß der ipso iure wirkenden Verjährung auszuschalten (vgl. Klee, a. a. O., S. 78). Man erwäge auch, daß während der Bewährungsfrist dem Verurteilten die bedingt drohende nachträgliche Strafvollstreckung u. a. ein Motiv zur Vermeidung von Fehltritten sein soll, und daß daher der Eintritt der Verjährung dieser Strafvollstreckung innerhalb jener Frist verhütet werden muß. Die Grenzen aber, in welchen die Bewährungsfrist sich zu bewegen hat, sind nach obigen geltenden Vorschriften treffend so gesetzt, daß die bedingte Begnadigung weder durch zu kurze Fristen (z. B. nur einige Monate währenden Strafaussetzungen, die keine wirkliche Gewähr für die erfolgte Besserung des Verurteilten leisten können) ihren Rechtfertigungsgrund verliert, noch auch durch Bemessung zu lange dauernder Fristen ihren Erziehungszweck (vgl. Köhler, a. a. O., S. 35). — Über den Beginn der Bewährungsfrist ist nichts gesagt. Es war dies aber auch nicht erforderlich, da es dem Geiste des Institutes ohne weiteres entspricht, auf das Gesamtverhalten des Verurteilten, im besonderen seit der Verkündung des Urteils Rücksicht zu nehmen (vgl. auch S. 26 Anm. 4). — Wesentliche Beachtung muß bei der Fristbestimmung der

§ 70 StGB. finden. Da keine der der bedingten Begnadigung vorausgehenden Maßnahmen eine auf Vollstreckung der Strafe gerichtete Handlung darstellt, auch im Laufe der Strafaussetzungszeit die Vollstreckungsbehörde nicht befugt ist, eine dem § 72 StGB. entsprechende Handlung vorzunehmen, so wird der mit dem Eintritt der Rechtskraft des Urteils beginnende Lauf der Verjährung bis zur Entscheidung des Ministers über das Ergebnis der Prüfung nicht unterbrochen (s. Meves, a. a. O., S. 15 Anm. 1), vgl. Vf. d. JM. v. 30. Nov. 07 — IV. 20 832 — (abgedr. bei Müller, a. a. O., Bd. II, S. 1776 als Zus. zu § 18 RdVf.), wonach ein Strafvollstreckungsersuchen unter Vorbehalt der Ladung zum Strafantritt als eine zur Unterbrechung der Verjährung geeignete Handlung nicht angesehen werden kann, daß aber die „Anstellung von Erkundigungen" über die Führung des Verurteilten — oder, wenn auf Geldstrafe erkannt ist, in geeigneten Fällen der „Erlaß einer Zahlungsaufforderung" — nach Ablauf der Bewährungsfrist diesen Erfolg herbeizuführen geeignet erscheint (§ 18 zu b vierter Absatz, vgl. auch Erl. d. JM. v. 6. Juli 97 — I. 3300 —). In Übereinstimmung hiermit spricht Buhl (in der ZStW. 28, 162) einer während der Bewährungsfrist auf Unterbrechung der Vollstreckungsverjährung gerichteten Verfügung prinzipiell juristische Bedeutung und jede Wirksamkeit ab. Die Beweisführung dagegen von Haldy (a. a. O. Bd. 30, S. 3 bis 6), der in einer bloßen Führungsanfrage innerhalb der Probezeit eine zur Unterbrechung geeignete Handlung findet, ist gekünstelt und erscheint jedenfalls nicht überzeugend (unzutreffend auch Mettgenberg i. d. DJZ. 12, 236). Der grundsätzliche Standpunkt von Buhl ist aber schon deshalb richtig, weil eine auf Unterbrechung der Verjährung der Strafvollstreckung gerichtete Handlung innerhalb der Prüfungsfrist einen Widerspruch in sich selbst trägt, da doch bei den fraglichen Handlungen, insb. Ermittelungen, Anfragen usw. im Geiste des Instituts zunächst nur die Begnadigungstendenz obwaltet, und demnach auch der Wille des als Strafvollstreckungsbehörde tätig werdenden Beamten nicht wirklich darauf gerichtet ist, die Strafe zu vollstrecken. Dann liegt indes die Voraussetzung aus § 72 Abs. 1 StGB. nicht vor. — Inhalts eines mir von meinem geschätzten Kollegen Dr. Draheim zugänglich gemachten Aktenstückes wird demgegenüber neuerdings im Justizministerium der — nicht weiter begründete — Standpunkt vertreten, daß auch während der Bewährungsfrist durch richterliche Handlungen die Verjährung der Strafvollstreckung wirksam unterbrochen werden kann. Die gegen letztere Auffassung sprechenden Bedenken sind damit naturgemäß nicht beseitigt. Doch ließe sich vielleicht auf anderem Wege der drohende Eintritt der Verjährung verhindern. Es bleibt zu erwägen, ob nicht eine Vorschrift, wonach während der Dauer der Bewährungsfrist die Vollstreckungsverjährung ruht, empfehlenswert erscheint. Die Zulässigkeit einer derartigen Verwaltungsvorschrift praeter legem könnte man daraus folgern, daß dem Strafgesetzbuch ein Ruhen der Verjährung der Strafvollstreckung, ähnlich wie bei der Strafverfolgung (vgl. § 69 StGB.) unbekannt ist [vgl. Olshausen, Komm. (8), Bem. 11 Abs. 1 zu § 72 StGB.; s. dagegen den neuen § 99 des Vorentw. nebst Begr. dazu S. 409/410 sowie § 109 des Gegenentw. nebst Begr., I. Buch, Allg. Teil, S. 154, vgl. auch in Anm. 9 S. 95]. Nimmt man freilich an, daß durch das StGB. die Verjährung erschöpfend geregelt ist (vgl. § 2 EGzStGB.), dann würde eine solche Verwaltungsvorschrift als eine contra legem unzulässig sein, und es wäre ev. ein abänderndes Reichsgesetz erforderlich. Vgl. aber S. 13 Anm. 2. Indes ließe sich der Annahme einer erschöppunkt der Frist ist der letzte Tag eines Kalenderquartals zu bezeichnen.[5] [6])

(3) Ist dem Verurteilten bereits in einer anderen Strafsache bedingte Strafaussetzung bewilligt, so ist dies unter Angabe der bewilligten Frist zu vermerken.[7])

---

fenden Regelung der Verjährung wieder entgegenhalten, daß zu den „Materien, welche Gegenstand des Strafgesetzbuchs sind", zwar die im Teil I aufgestellten „allgemeinen Grundsätze über die Bestrafung der Verbrechen, Vergehen und Übertretungen" gehören, was immerhin sehr bestritten ist (vgl. v. Liszt, Lehrb. d. dtsch. Strafr., 18. Aufl., Berlin, J. Guttentag, 1911, S. 102 u. dortige Anm. 1), der § 2 loc. cit. sich jedoch nur auf die Bestimmungen des materiellen Strafrechts bezieht, die Bestimmungen über die Verjährung aber prozessualer Natur sind, was allerdings wiederum streitig ist (vgl. Oppenhoff-Delius, Das Strafgesetzbuch, 14. Auflage, Berlin, Georg Reimer, 1901, Bem. 2 S. 2, Bem. 13a S. 15 und Bem. 1 zu § 66 StGB. S. 196).

[4]) Bei Haft- oder Geldstrafen bis zu 150 Mark wird im Hinblick auf § 70 Nr. 6 StGB. es sich meist empfehlen, eine Frist von $1^1/_2$ Jahren zu beantragen (vgl. Erl. d. JM. v. 6. Juli 97 — I. 3300 —). — Nur in leichteren Fällen — bei kurzen Strafen, sehr jugendlichen Verurteilten usw. — ist die Abkürzung auf 1 Jahr oder noch kürzere Dauer statthaft. — Der frühere zweite Satz in Abs. 1 § 18 zu b „eine Abkürzung der Frist kann auch mit Rücksicht auf die bevorstehende Einstellung des Verurteilten in das Heer angezeigt sein" (vgl. Erl. d. JM. v. 5. Febr. 96 — I. 644 —) ist weggefallen gemäß Ziffer 1 der RdVf. d. JM. v. 5. April 11 — I. 4543 —, nachdem durch Ziffer 5 des § 30 WO. die Einstellung der mit bedingtem Strafaufschub versehenen Wehrpflichtigen in das Heer (in die Marine) vorgesehen ist (vgl. S. 28 Anm. 3) und der Kriegsminister sowie der Staatssekretär des Reichsmarineamts unterm 14. Febr. 11 bez. 23. März 11 in Ausführung der Ziff. 5 § 30 WO. unter Ziff. 1 Abs. 1 bestimmt haben, daß die aktive Dienstzeit als Bewährungsfrist in Betracht gezogen wird (vgl. die Anlage zur hier gedachten RdVf. in den Generalakten).

[5]) § 18 zu b Abs. 2 Satz 1. Vgl. Nr. 4 d. Erl. d. JM. v. 16. Juli 98 — I. 4390.

[6]) Vgl. noch S. 33 Anm. 6 erster Satz nebst Beispiel im dritten Satz.

[7]) Diesfalls sind die betreffenden Akten beizufügen, damit wegen einer gleichmäßigen Festsetzung der Fristen das Geeignete veranlaßt werden kann (§ 18 zu b Abs. 2 Satz 2). Die Eintragung kann z. B. lauten: „In der Strafsache (Aktenzeichen) ist Strafaussetzung bewilligt bis zum . . . zu Nr. . . . des Verzeichnisses A vom (Monat) (Jahr)", oder „In den hier beigefügten Strafakten (Aktenzeichen) ist dem Verurteilten Strafaussetzung bewilligt: a) hinsichtlich der Haftstrafe bis zum . . . zu Nr. . . . des Verzeichnisses A vom (Monat) (Jahr), b) hinsichtlich der Gefängnisstrafe bis zum . . . zu Nr. . . . des Verzeichnisses A vom (Monat) (Jahr)", oder — es wird beantragt, die Vollstreckung der Freiheitsstrafe auszusetzen bis —: „31. Dezember 1915, vgl. Verzeichnis A der Staatsanwaltschaft in Beuthen O.-S. vom (Monat) (Jahr). Die betreffenden Akten (Aktenzeichen) werden als Anlage beigefügt", und dann die Eintragung in die oben im folgenden Text gedachte Spalte 8

γ) [1]) Bei substituierten Freiheitsstrafen ist die Unbeitreiblichkeit und — gleichfalls, wenn auf Haft erkannt ist, — die Zeit der letzten auf Vollstreckung der Strafe gerichteten Handlung [2]) zu vermerken.[3])

c) Spalte 8.[4])

„a) Angabe über eine wegen Verbrechens oder Vergehens etwa früher bereits verbüßte Freiheitsstrafe."

„b) Äußerung des erkennenden Gerichts."

„c) Äußerung der Vollstreckungsbehörde."

Unter a sind nur solche Freiheitsstrafen, welche vor Begehung der in Spalte 4 bezeichneten Straftat bereits verbüßt waren, aufzunehmen.[5])

---

zu c: „Dem Verurteilten ist bereits in den Akten (Aktenzeichen) der Staatsanwaltschaft zu Beuthen O.-S. (Bl. . . .) bedingte Strafaussetzung bis zum 31. Dezember 1915 bewilligt. Da die Tat, wegen deren er in vorliegender Sache verurteilt ist, vor der früheren Verurteilung begangen war, der Verurteilte hier die Tat nicht aus verbrecherischer Neigung, sondern aus jugendlichem Leichtsinn verübte und nach der Auskunft der Polizeiverwaltung sich sonst gut geführt hat, so empfiehlt es sich, auch hier die Strafvollstreckung bis zum 31. Dezember 1915 auszusetzen."

[1]) vgl. Nr. 3 d. Erl. d. JM. v. 16. Juli 98 — I. 4390 —.

[2]) d. h. derjenigen Handlung der Strafvollstreckungsbehörde, welche den Strafvollzug herbeiführen sollte (§ 18 zu b Abs. 3 Satz 2), s. auch die flgde. Anm. nebst Beispiel.

[3]) damit übersehen werden kann, wann der Strafvollzug verjährt (§ 18 zu b Abs. 3 Satz 2). — Die Eintragung kann z. B. lauten: „Die Geldstrafe war nicht beizutreiben", „Die letzte auf Vollstreckung der Strafe gerichtete Handlung ist am . . . erfolgt". Letzterer Vermerk (§ 18 zu b Abs. 3 Satz 1) war früher (s. hier Anm. 1) nur erforderlich, sofern der Antrag auf Erteilung der Strafaussetzung nicht schon kurze Zeit nach Erlaß des Strafurteils gestellt wurde.

[4]) vgl. Nr. 1, II Erl. d. JM. v. 20. Mai 99 — I. 2039 — u. Nr. 7 d. Erl. d. JM. v. 10. Dez. 02 — I. 9331 —.

[5]) nicht sonstige, für die Begründung des Antrages erhebliche Vorstrafen (§ 18 zu c Abs. 1 Satz 1). — Die Eintragung kann z. B. lauten: „Vorbestraft durch rechtskräftiges Urteil des Königlichen Schöffengerichts in . . . . . vom . . . wegen . . . . . . mit . . . . Die Strafe ist am . . . . verbüßt." — Die Aufnahme dient nur statistischen Zwecken (§ 18 zu c Abs. 1 Satz 2). — Hat der Verurteilte die Strafe nicht verbüßt (z. B. auch infolge Verjährung oder gnadenweisen Erlasses), so ist sie, ebenso wie die Strafe des Verweises, nicht unter a, sondern unter c bei Begründung des Antrages (s. S. 39) zu erwähnen, und die Eintragung kann z. B. lauten: „Der Verurteilte ist allerdings schon einmal wegen Diebstahls, und zwar mit einem Verweise

Unter b ist die Äußerung des Gerichts in allen Fällen wörtlich aufzunehmen.[1])

Unter c ist der Antrag unter Berücksichtigung aller wesentlichen Umstände mit Sorgfalt zu begründen.[2]) Es muß in gedrängter Form ersichtlich gemacht werden, inwiefern nach der Beschaffenheit der — in Spalte 4 bereits beschriebenen — Tat und nach den Lebensverhältnissen des Täters von einerStrafaussetzung der gehoffte Erfolg zu erwarten ist.[3]) [4]) [5]) [6])

---

bestraft. Darnach scheint seine neuerliche Tat Ausfluß verbrecherischer Neigung zu sein. Die Ermittelungen haben aber ergeben, daß diese Annahme nicht gerechtfertigt ist [folgt nähere Begründung]." Hier mag die auch schon aus dem früher Gesagten sich ergebende Folgerung noch besonders hervorgehoben werden, daß in Fällen, wo der Verurteilte bereits einmal mit Erfolg bedingt begnadigt gewesen ist, trotz der früheren Verurteilung noch einmal die bedingte Strafaussetzung eintreten kann.

[1]) Vgl. Nr. 6 d. Erl. d. JM. v. 10. Dez. 02 — I. 9331 —. Einleitende Bemerkungen und ähnliche unwesentliche Zusätze sind zweckmäßig fortzulassen (§ 18 zu c Abs. 2). Wegen der Äußerung des Gerichts vgl. noch S. 27 mit Beispiel dort Anm. 8, S. 26 Anm. 2, S. 34 Anm. 7 und auch S. 33 unter Nr. 2: Vorlegung der eine Strafaussetzung empfehlenden Gerichtsäußerung durch die eine Strafaussetzung nicht befürwortende Strafvollstreckungsbehörde an die entscheidende Zentralbehörde.

[2]) § 18 zu c Abs. 3, vgl. Erl. d. JM. v. 5. Febr. 96 — I. 644 — u. Nr. 5 d. Erl. v. 16. Juli 98 — I. 4390 —. Bemerkungen, wie: der Verurteilte mache einen günstigen Eindruck, oder er scheine Reue zu empfinden, genügen nicht (§ 18 zu c Abs. 4 Satz 1).

[3]) § 18 zu c Abs. 4 Satz 2. Vgl. Erl. d. JM. v. 5. Febr. 96 — I. 644 — und Nr. 5 d. Erl. d. JM. v. 16. Juli 98 — I. 4390 —. Die Eintragung hat z. B. zu lauten: „Verurteilter, bisher nicht bestraft, hat in Schule, Haus und Lehre gute Zeugnisse erhalten. Zu der Tat scheint er durch kindische Liebhaberei für Tauben bestimmt worden zu sein. Er hat die Tat eingestanden und Besserung gelobt. In der Hauptverhandlung hat er einen günstigen Eindruck gemacht. Eltern und Lehrherr sind ordentliche Leute", oder „Verurteilter, bisher unbestraft und von gutem Ruf, ist durch einen älteren Kameraden zu der Unterschlagung verführt worden. Er hat dieselbe eingestanden und scheint die Tat ernstlich zu bereuen. Der Lehrherr, bei welchem er sich befindet, soll ihn in Zucht und Ordnung halten", oder „Die Strafvollstreckungsbehörde beantragt Strafaussetzung. — Die angestellten Ermittelungen haben ergeben, daß der Verurteilte nur in Unbesonnenheit gehandelt hat. Sein Vorleben, namentlich seine Führung in Schule, Haus und Berufsstellung waren einwandfrei. Er wird während der Bewährungsfrist bei seinen gut beleumdeten Eltern wohnen, von denen anzunehmen ist, daß sie auf den Verurteilten erziehlich einwirken, ihn von weiteren Straftaten ab- und zu einem ordentlichen gesetzmäßigen Leben anhalten werden (Auskunft der Polizeibehörde in . . .). Die Erwartung künftigen Wohlverhaltens und dauernder Besserung ist daher gerechtfertigt", vgl. ferner das Beispiel bei Krobitzsch, a. a. O., S. 276. — Im Hinblick auf S. 30 u. Anm. 1 dort kann auch

II. Berichtsverfahren.

1. Für jeden Monat wird ein Verzeichnis A geführt. Die Amtsgerichte reichen das ausgefüllte Verzeichnis A am Schlusse jeden Monats dem Ersten Staatsanwalt bei dem Landgericht [7]) ein.[8]) [9]) Dieser hat die übersandten Verzeichnisse mit dem von ihm geführten durch Zusammenheften zu vereinigen.[10]) Das den Landgerichtsbezirk umfassende Gesamt-

---

ein Vermerk in Frage kommen z. B. dahin: Die Kgl. Eisenbahndirektion in ... hat Bedenken gegen den Antrag auf Erwirkung der Strafaussetzung nicht geltend gemacht.

[4]) Steht die Fürsorgeerziehung in Aussicht, so ist bei Befürwortung des Strafaufschubs auf diese Tatsache Bezug zu nehmen (Nr. II Satz 3 d. Allg. Vf. v. 6. Febr. 01, JMBl. S. 31; vgl. S. 22 Anm. 3).

[5]) Wegen Erwähnung nicht verbüßter Vorstrafen oder der Vorstrafe des Verweises bei Begründung des Antrages und über letztere in zweifelhaften Fällen sowie im Falle weiterer Strafaussetzung vgl. S. 38 Anm. 5, S. 33 unter Nr. 2 nebst Anm. 6 bez. s. S. 56 unter c Nr. 2, S. 57 Anm. 1.

[6]) Die Äußerungen unter b und c sind auch dann getrennt abzugeben, wenn der Vorsitzende des Schöffengerichts und der Strafvollstreckungsrichter dieselbe Person sind. [Denn abgesehen davon, daß das Schöffengericht durch den Vorsitzenden und nicht dieser für sich allein sich zu äußern hat, ist auch die Äußerung des Gerichts nach dem Eindrucke der Hauptverhandlung, die Äußerung der Strafvollstreckungsbehörde dagegen auch auf Grund der später ermittelten Umstände abzugeben.] In solchen Fällen kann unter c auf die Äußerung zu b Bezug genommen werden (§ 18 zu d). Vgl. Vf. d. JM. v. 21. April 03 — IV. 6226 — in den Generalakten.

[7]) Bezüglich der Forstkontraventionssachen der zuständigen Regierung (Abteilung für direkte Steuern, Domänen und Forsten), s. S. 84 unter Nr. 2.

[8]) Soweit nicht von der Kanzlei gefertigte Reinschriften eingereicht werden, ist auf eine leicht leserliche Schrift zu halten (§ 17 Abs. 1 Satz 2, vgl. Nr. 1 d. Erl. d. JM. v. 16. Juli 98 — I. 4390 —). In der Praxis verbleiben regelmäßig die Urschriften als „Aktenexemplare" bei den einzelnen Strafakten und werden zwecks Einreichung Abschriften in Reinschrift gefertigt, die der Richter zu unterzeichnen hat.

[9]) Der Erste Staatsanwalt hat nicht das Recht, die Unvollständigkeit oder Ungenauigkeit der Ausfüllung des Formulars zu rügen und von dem Amtsgericht eine Vervollständigung zu fordern; er ist aber um so mehr befugt, die Beseitigung etwaiger Mängel in formeller Hinsicht anheimzugeben, als er die Berichte der Amtsgerichte in den von ihm zu erstattenden Bericht aufnehmen muß, dem Minister (s. S. 41 unter Nr. 2) sonach nur sein Bericht vorgelegt wird (vgl. Meves, a. a. O., S. 13 Anm. 2).

[10]) Will der Erste Staatsanwalt von dem Antrage des Amtsgerichts abweichen, so ist dies in einer besonderen Anlage unter Beifügung der Straf-

verzeichnis A ist von dem Ersten Staatsanwalt in den ersten Tagen des nächsten Monats dem Justizminister einzureichen.[1])

2. Der Justizminister entscheidet über die Bewilligung der Strafaussetzung und läßt nach Eintragung eines bezüglichen Vermerkes in Spalte 9 das Verzeichnis urschriftlich wieder zurückgehen, und zwar an die Amtsgerichte durch Vermittelung des Ersten Staatsanwalts.[2]) Die Entscheidung des Justizministers ist dem erkennenden Gericht durch Vorlegung bekannt zu machen.[3]) Die Ersten Staatsanwälte sowie die Amtsgerichte haben alsdann das Erforderliche zu veranlassen.[4])

§ 4. Maßnahmen nach Bewilligung der Strafaussetzung.

I. Mitteilungen.

a) Von der Tatsache der bewilligten Strafaussetzung und von der Dauer der Bewährungsfrist

---

akten zu begründen (§ 19 Abs. 1 Satz 3). Damit ist eine materielle Nachprüfung der Vorschläge des Amtsrichters vorgesehen. Vgl. hierzu das von v. Liszt geäußerte „Hauptbedenken" in der Sammlung „Strafrechtliche Aufsätze und Vorträge", Berlin, J. Guttentag, 1905, Bd. 2, S. 166 bis 169.

[1]) § 19 Abs. 1 Sätze 1, 2 und 4. — Dem Verzeichnis A sind alle zu den darin aufgenommenen Fällen gehörigen Gnadengesuche, die sich bei der einreichenden Behörde befinden, unter besonderem Umschlage beizufügen. Die Zugehörigkeit eines solchen Gesuchs ist in dem Verzeichnisse bei den bezüglichen Fällen durch einen Vermerk ersichtlich zu machen (§ 39).

[2]) § 19 Abs. 1 Satz 5, s. jedoch S. 47 unter d zu β.

[3]) § 20. Vgl. Nr. 8 d. Erl. d. JM. v. 10. Dez. 02 — I. 9331 —. Die Vorlegung erfolgt bei den Schöffengerichten nur an den Vorsitzenden, vgl. die S. 26 Anm. 3 angeführte gemeinschaftliche Verfügung v. 12. Febr. 03. — Zu den einzelnen Strafakten ist ein Vermerk von den im Verzeichnis A ergangenen Entscheidungen des JM. zu nehmen; das Originalverzeichnis geht dann zu den Generalakten, s. S. 70 Anm. 4 zu c u. b.

[4]) § 19 Abs. 2, und zwar von den einzelnen Strafakten aus, vgl. hier Anm. 3 u. s. S. 70 Anm. 4 zu c.

ist dem Verurteilten ohne Beifügung weiterer Bemerkungen Nachricht zu geben.[1] [2]) Gleichzeitig ist ihm bei Gefahr des Verlustes der gewährten Vergünstigung die Verpflichtung zur Anzeige eines Wechsels des Wohnorts aufzuerlegen.[3])

b) Regelmäßig erfolgt sodann unter Benutzung des amtlichen Formulars St. A. 68 [4]) ein Ersuchen an die Polizeibehörde, dem Verurteilten und dessen Vater, Mutter oder Vormund die Aussetzung der Strafvollstreckung mit dem Bemerken zu Protokoll zu eröffnen, daß die Verletzung der Pflicht zur Anzeige des Wohnungswechsels (s. hier zu a) den Verlust der gewährten Vergünstigung nach sich ziehen kann, sowie die entstehende Verhandlung der ersuchenden Strafvollstreckungsbehörde einzusenden. Dieses Ersuchen dient zugleich mittelbar als Benachrichtigung der Polizeibehörde von der bewilligten Strafaussetzung.

---

[1]) vgl. Abs. 2 d. Erl. d. JM. v. 26. Febr. 98 — I. 1220 —. Die Nachricht mit der sich anschließenden obigen Auflage erfolgt unter Benutzung des amtlichen Formulars St. A. 67, s. im Anhang S. 105 Nr. 5. — In Ansehung der jugendlichen Verurteilten ist mit Rücksicht darauf, daß von diesen die schriftliche Mitteilung von der Bewilligung der bedingten Strafaussetzung häufig nur höchst unvollkommen verstanden wird, als erwünscht bezeichnet, daß ihnen diese Nachricht unter geeigneter Belehrung und Ermahnung von den zuständigen Vollstreckungsbehörden tunlichst mündlich eröffnet wird. Zu dem hierzu anzuberaumenden Termine wird es sich empfehlen, in geeigneten Fällen den gesetzlichen Vertreter des jugendlichen Verurteilten mit vorzuladen, vgl. Nr. 4 d. Allg. Vf. v. 22. Sept. 09 — I. 5096 — (JMBl. S. 335). Eine derartige eindringliche Eröffnung kann auch dazu beitragen, den psychologischen Zusammenhang zwischen Straftat und ev. eintretendem Strafvollzug aufrecht zu erhalten.

[2]) Gegen die Anordnung der — sog. „endgiltigen" (vgl. S. 26 Anm. 4), wenn auch widerruflichen (s. S. 48 unter II) — Strafaussetzung hat der Verurteilte keine Beschwerde, zumal trotz der Strafaussetzung dem Verurteilten doch noch der Rechtsbehelf aus § 488 StPO. zur Seite steht, über welchen stets der Erste Staatsanwalt zu entscheiden hat (s. u. auch wegen der örtlichen Zuständigkeit II Ziff. 1 u. 3 d. Allg. Vf. v. 22. Dez. 11, JMBl. S. 448, u. vgl. Allg. Vf. v. 21. Mai 87, JMBl. S. 135). Auch sonst gibt es gegen die Entscheidung d. JM. kein Rechtsmittel. Indes bleibt dem Verurteilten die Einreichung eines besonderen Gnadengesuchs an Seine Majestät den Kaiser und König unbenommen (s. Meves, a. a. O., S. 13 Anm. 1, S. 14/15 unter d, α).

[3]) § 22, s. jedoch S. 58 Anm. 4. Zur Erstattung obiger Anzeige soll zweckentsprechend eine möglichst kurze Frist gesetzt werden, so Meves, a. a. O., S. 17.

[4]) s. im Anhang S. 105 Nr. 6.

c) [1]) **Von der Erteilung der Strafaussetzung ist unverzüglich der Strafregisterbehörde[2]) Mitteilung zu machen unter Benutzung des amtlichen Formulars „E" — St. A. 52. — in gelber Farbe.**[3]) [4])

---

[1]) vgl. die früher in Geltung gewesene RdVf. v. 24. April 97 — I. 697 —.

[2]) Registerbehörde ist in Preußen die Staatsanwaltschaft beim Landgericht. Diese führt Register über die rechtskräftigen Verurteilungen in Strafsachen bezüglich aller Personen, deren Geburtsort in ihrem Bezirke gelegen ist (§ 1 Ziff. 1 der Bundesrats-Verordnung v. $\frac{\text{16. Juni 82 (JMBl. S. 207)}}{\text{9. Juli 96 (JMBl. S. 265)}}$ und Ziff. 7 der dazu für Preußen ergangenen Ausführungsverfügung v. 7. Sept. 96, JMBl. S. 294). Die Mitteilung an gedachte Registerbehörde zum Zwecke der Registrierung erfolgt hinsichtlich der vor die ordentlichen Gerichte gehörenden Strafsachen bei Verurteilungen nach Eintritt der Rechtskraft durch die Strafvollstreckungsbehörden (vgl. S. 24 mit Anm. 1 u. 2, s. auch wegen der Mitteilung einer militärgerichtlichen Verurteilung § 6 Bundesrats-Verordg. u. Zusatz dazu bei Müller, a. a. O., Bd. II, S. 1010) bez. bei den in § 3 Ziff. 1 d. Bundesrats-Verordg. bezeichneten Unterbringungsbeschlüssen durch die betr. beschließenden Landespolizeibehörden, und zwar mittels Übersendung einer sog. Strafnachricht (§§ 5 u. 7 d. Bundesrats-Verordg. vbd. mit Ziff. 2 Ausf. Vf. u. § 8 d. Verordg. (s. auch S. 92 Anm. 2). — Über die rechtskräftigen Verurteilungen in Strafsachen bezüglich derjenigen Personen, deren Geburtsort außerhalb des Reichsgebiets belegen oder nicht zu ermitteln ist, werden Register beim Reichs-Justizamt geführt, und ist gegebenenfalls dieser Behörde die Strafnachricht zu übersenden (§ 1 Ziff. 2 u. §§ 7, 8 d. Bundesrats-Verordg., vgl. auch Müller, a. a. O., Bd. II, S. 1010, Zusätze a bis c zu § 7 loc. cit.).

[3]) § 23 Sätze 1 und 2. Für Größe und Format dieses sog. „Gelbzettels" (s. im Anhang S. 106) ist das für Strafnachrichten bestimmte amtliche Formular „A" — St. A. 47 — (s. im Anhang S. 107, 108) maßgebend (§ 23 Satz 3).

[4]) Diese Strafaussetzungsnachrichten sind

I. aufzubewahren:

a) (zu statistischen Zwecken) bis zum Ablauf der auf das Jahr der betreffenden Verurteilung folgenden fünf Kalenderjahre — vgl. RdVf. v. 20. Juli 03 — I. 1737 —, wenn sie auf eine im Strafregister zu vermerkende Verurteilung sich beziehen,

b) sonst so lange, als die für die Strafaussetzung bewilligte Frist läuft (§ 23 Satz 5).

α) Geht während der Bewährungsfrist von einer „anderen Behörde" eine Strafnachricht, eine Steckbriefsnachricht (s. hier unter II mit Anm. ***) auf S. 44) oder ein Ersuchen um Auskunftserteilung über Vorstrafen (nach dem amtlichen Formular „C" — St. A. 50 — s. im Anhang S. 109, 110)*) usw. ein, woraus sich auf

---

*) Nach §§ 17, 17a der hier in Anm. 2 angezogenen Bundesratsverordnung ist gerichtlichen und anderen öffentlichen deutschen Behörden auf jedes eine bestimmte Person betreffende Ersuchen über den Inhalt des Registers kostenfrei amtliche Aus-

eine anhängige Untersuchung schließen läßt, so hat die „Registerbehörde" der „Strafvollstreckungsbehörde", welche den Gelbzettel eingesandt hat, hiervon sogleich Mitteilung zu machen, auch der erwähnten „anderen Behörde" von der Sachlage kurze Nachricht zu geben (§ 23 Satz 6), vgl. Abs. 4 d. Allg. Vf. d. JM. v. 11. Dez. 11 (JMBl. S. 438) und Muster der Formulare P. F. Nr. 43 u. 44 (a. a. O. S. 443, 444).

β) Geht innerhalb der durch die RdVf. v. 20. Juli 03 bestimmten Frist von fünf Jahren (a) eine Strafnachricht A ein, so ist hiervon derjenigen Strafvollstreckungsbehörde, welche den Gelbzettel eingesandt hatte, auch nach Ablauf der Bewährungsfrist Mitteilung zu machen (§ 23 Satz 7).

II. zu vernichten:

nach Ablauf der (zu a und b) bezeichneten Aufbewahrungsfristen (§ 23 Satz 8).

Im übrigen gelten hinsichtlich der Gelbzettel die für Steckbriefsnachrichten („Rotzettel" — nach dem amtlichen Formular „D" — St. A. 51 — s. im Anhang S. 111) gegebenen Vorschriften. Maßgebend wird dafür allerdings nicht die im § 23 Satz 4 angezogene Allg. Vf. v. 6. Okt. 87 (JMBl. S. 272) — Ziffern 4 bis 6, 9, 11 und 12 —, sondern die an ihre Stelle getretene Ausf. Vf. v. 7. Sept. 96 (JMBl. S. 294) sein.**) Nach Ziffer 28 letzterer Verfügung finden nun auf die Behandlung und Verwahrung der Rotzettel die Vorschriften über die Behandlung der eingehenden Strafnachrichten (Nr. 8—12 a. a. O.) entsprechende Anwendung. Grundlegend für die Behandlung der Strafnachrichten sind aber die Vorschriften des § 18a der Bundesratsverordnung' v. 9. Juli 96 (JMBl. S. 265, 267 ff.),***) dessen Abs. 2 insb. bestimmt, daß die verfolgende Behörde der Registerbehörde, wenn der Steckbrief durch Ergreifung des Verfolgten oder auf andere Weise sich erledigt, dies mitzuteilen****) hat. Darnach hat also die Strafvollstreckungsbehörde der Registerbehörde von jeder Erledigung des Gelbzettels, z. B. durch Widerruf der Strafaussetzung, Tod, Begnadigung Mitteilung zu machen. Die (bei Ebert,

---

kunft zu erteilen. Das Ersuchen ist unter Benutzung des erwähnten Formulars „C" an die zuständige Registerbehörde oder an die StA. beim Landgericht des Geburtsortes zu richten. Die Registerbehörde erteilt die Auskunft durch Ausfüllung des Formulars.

**) Vgl. hierzu GeschO. für die Gerichtsschreibereien der Amtsgerichte vom 11. Okt. 06 (JMBl. S. 304) § 37 „Strafprozeßregister" Abs. 17: Wegen der Mitteilungen für das Strafregister bewendet es bei den Vorschriften der Allg. Vf. v. 7. Sept. 96 und der RdVf. v. 12. April 06. — Eine entsprechende Vorschrift findet sich in der GeschO. für die Sekretariate der Staatsanwaltschaften bei den Landgerichten v. 12. Nov. 06 (JMBl. S. 485) § 29.

***) Nach § 18a Abs. 1 a. a. O. können die Strafregister zur Ermittelung steckbrieflich Verfolgter benutzt werden. Zu diesem Zweck macht die verfolgende Behörde der Registerbehörde unter Verwendung des vorgedachten Formulars „D" vom Erlaß des Steckbriefs Mitteilung und erhält dieses von der Registerbehörde mit Nachricht zurück, sobald dort der Aufenthalt des Verfolgten bekannt wird. Die Registerbehörde macht auch besondere Mitteilungen über Strafnachrichten oder Auskunftsersuchen, die von anderen Behörden in letzter Zeit eingegangen sind oder später eingehen (§ 18a Abs. 4 bis 6 a. a. O.).

****) Zu dieser Mitteilung ist gemäß Abs. 4 d. Allg. Vf. d. JM. v. 11. Dez. 11 (JMBl. S. 438) das Formular P. F. Nr. 42 nach dem Muster S. 442 a. a. O. zu verwenden. Vgl. Abs. 7 d. RdVf. d. JM. v. 30. Sept. 08 (a. a. O. S. 440).

d) Benachrichtigung der Militärbehörden durch die Beamten der Staatsanwaltschaft.[1])

Wenn das Verzeichnis A mit der Entscheidung des Justizministers an den Ersten Staatsanwalt zurückgelangt, ist zu prüfen, ob sich unter den Verurteilten, welchen Strafaussetzung genehmigt ist, solche befinden, die das militärpflichtige Alter[2]) bereits erreicht haben, oder bei denen die

a. a. O., S. 590 abgedruckte) gemeinschaftl. Vf. d. OLGPräs. und OStA. Breslau v. 18. Febr. 00 — 1 $\frac{\text{Gen. I. 93}}{922}$ — schärft die Notwendigkeit besonderer Mitteilung von jeder Erledigung der Gelbzettel ein, und verlangt diese auch für den Fall, daß der Gelbzettel durch den Ablauf der Bewährungsfrist erledigt ist. Da nun weiter gemäß § 8 Abs. 4 der Seite 69 Anm. 11 angezogenen Allg. Vf. d. JM. v. 6. Sept. 00 (JMBl. S. 569) die Vorschriften, welche über die Vernichtung der Strafnachrichten durch obige Ausf. Vf. v. 7. Sept. 96 gegeben sind, nicht berührt werden, der mithin in Kraft bleibende § 18a Abs. 7 der obigen Bundesratsverordnung aber bestimmt, daß die Steckbriefsnachrichten vernichtet werden, wenn eine Mitteilung über die Erledigung des Steckbriefs eingeht oder wenn seit der Niederlegung drei Jahre verflossen sind,*) so findet man im Betracht der zuvor erwähnten fünfjährigen Aufbewahrungsfrist der Gelbzettel die Übereinstimmung mit der hier angegebenen dreijährigen der Rotzettel in der Erwägung heraus, daß die Bewährungsfrist regelmäßig (vgl. S. 35 unter b, α) eine zweijährige ist.

[1]) In dieser Beziehung behält es zwar gemäß § 21 bei den RdVf. d. JM. v. 19. Mai 96 — I. 3290a und v. 30. Sept. 96 — I. 5159 — sein Bewenden, s. aber jetzt unter A. Nr. 10 u. Nr. 11 d. Allg. Vf. v. 29. April 07 (JMBl. S. 359), betreffend die von den Beamten der Staatsanwaltschaft, von den Strafvollstreckungsbehörden und in Privatklagesachen von den Amtsgerichten an andere Behörden zu machenden Mitteilungen, abgedr. bei Dalcke, a. a. O., S. 913 ff., 915, 916.

[2]) § 22 Nr. 2 WO., Art. II § 10 d. Ges. v. 6. Mai 80 (RGBl. S. 103): die Militärpflicht (§ 22 Nr. 1 WO.) beginnt mit dem 1. Januar des Kalenderjahres, in welchem der Wehrpflichtige (§ 4 Nr. 3 WO., Art. II § 24 d. Ges. v. 11. Febr. 88, RGBl. S. 11, vgl. noch § 21 Nr. 1 WO., StAG. § 10 u. § 21 Nr. 2 WO., RMG. § 11) das 20. Lebensjahr vollendet, und dauert solange, bis über seine Dienstverpflichtung endgiltig entschieden ist (§ 28 Nr. 4 WO.). — Vgl. die Vf. d. Min. d. Inn. v. 28. März 01 — M. 585 —, wiedergegeben bei Müller, a. a. O., Bd. II, S. 1111 als Zusatz h zu Nr. 34, vbd. mit der dort abgedruckten RdVf. d. JM. v. 23. April 01 — I. 2459 —, wonach die genaue Feststellung der Militärverhältnisse hinsichtlich der im militärpflichtigen Alter stehenden Beschuldigten — möglichst auf Grund der

*) Dazu Ziff. 28 d. Ausf. Vf. v. 7. Sept. 96: Die Aussonderung der Steckbriefsnachrichten erfolgt, sobald die Erledigung des Steckbriefs dem Registerführer bekannt wird; die seit länger als drei Jahren niedergelegten Steckbriefsnachrichten sind bei Gelegenheit der Einsicht des Registers und der Durchsicht der Fächer (Ziff. 18) auszusondern. Vgl. Abs. 9 d. Rd. Vf. d. JM. v. 30. Sept. 08 (JMBl. 11, S. 439).

Vollendung des militärpflichtigen Alters in die bewilligte Frist fällt, bez. solche, die zu den Personen des Beurlaubtenstandes[1]) gehören oder Offiziere a. D. sind. Bejahendenfalls ist

α) soweit es sich um Personen aus dem Verzeichnis der Staatsanwaltschaft oder um vom Amts- oder Schöffengericht abgeurteilte Sachen handelt, deren Bearbeitung der Staatsan-

---

Militärpapiere (Anlage 3 zu § 106 WO.) — den Polizeibehörden bez. den Gerichten und auch den Beamten der Staatsanwaltschaft zur Pflicht gemacht ist.

[1]) § 109 Nr. 4 WO., § 15 d. Ges. v. 9. Nov. 67 (BGBl. S. 131), § 56 RMG. u Art. II §§ 11, 19 Ges. v. 11. Febr. 88 (RGBl. S. 11): Zum Beurlaubtenstand gehören

a) die Offiziere, Ärzte, Beamten und Mannschaften der Reserve, Marinereserve, Landwehr und Seewehr, sowie die Mannschaften der Ersatzreserve und Marineersatzreserve (s. aber hier unten wegen der Offiziere);

b) die vorläufig in die Heimat beurlaubten Rekruten und Freiwilligen (vgl. §§ 80 Nr. 1 u. 85 Nr. 4 WO., § 34 RMG.);

c) die bis zur Entscheidung über ihr ferneres Militärverhältnis zur Disposition der Ersatzbehörden entlassenen Mannschaften (vgl. § 82 Nr. 3 WO., § 54 RMG.);

d) die vor erfüllter aktiver Dienstpflicht zur Disposition der Truppen- (Marine-) Teile beurlaubten Mannschaften (vgl. §§ 14, 27 HO.);

e) nach Aufruf des Landsturmes die davon betroffenen oder nach freiwilliger Meldung in die Listen des Landsturmes eingetragenen Personen (§§ 100 Nr. 2, 121 Nr. 4 WO., Art. II §§ 26 u. 30 d. Ges. v. 11. Febr. 88 — RGBl. S. 11 —).

Wegen der Offiziere des Beurlaubtenstandes s. Art. I Nr. 12 Abs. 2 vbd. mit Nr. 13 d. Allg. Vf. v. 29. April 07 (JMBl. S. 359) u. bez. Nr. 30 dieser Vf. im Zusammenhalt mit d. Allg. Vf. v. 5. April 82 (JMBl. S. 86). Darnach finden — abgesehen von den in Abs. 1 Nr. 12 a. a. O. vorgesehenen Fällen — hinsichtlich aller übrigen in Veranlassung einer gegen einen Offizier des Beurlaubtenstandes eingeleiteten Untersuchung zu machenden Mitteilungen die allgemeinen Vorschriften über die Mitteilungen bei einer gegen einen Beamten eingeleiteten Untersuchung an die zunächst vorgesetzte Dienstbehörde (vgl. Vf. d. JM. v. 7. Juli 81 — I. 2676 —) entsprechende Anwendung, und sind diese Mitteilungen an das betreffende Landwehr-Bezirkskommando zu richten; bez. hat auch in Privatklagesachen das Amtsgericht der vorgesetzten Dienstbehörde Abschrift der Klage ev. der Widerklage und die Formel des ergangenen Urteils mitzuteilen, und sind diese Mitteilungen an das Bezirkskommando zu richten.

Wegen der Dauer der Reserve- (Marinereserve-) pflicht, der Land- (See-) wehrpflicht, der Ersatzreservepflicht (Marineersatzreservepflicht) — und damit der beregten Mitteilungspflicht — vgl. §§ 11, 16 WO. bez. § 12 Nr. 5 WO. (vgl. Art. I Ges. v. 15. April 05, RGBl. S. 249) u. §§ 12 Nr. 6, 17 Nr. 1 WO., bez. § 13 Nr. 2 WO. (vgl. Art. II § 15 Ges. v. 11. Febr. 88, RGBl. S. 11) u. § 18 Nr. 2 WO.

waltschaft beim Landgericht übertragen ist, von der Staatsanwaltschaft dem Zivilvorsitzenden der Ersatzkommission des Aushebungsbezirkes, in welchem der Verurteilte gestellungspflichtig ist,[1] bez. dem Landwehr-Bezirkskommando, in dessen Kontrolle der Verurteilte steht,[2] oder in dessen Bezirke der Offizier a. D. wohnt,[3] von der Strafaussetzung Mitteilung zu machen, und

β) soweit es sich um Personen aus den Verzeichnissen der Amtsgerichte handelt, das betreffende Verzeichnis nicht — wie sonst[4]) — unmittelbar dem Amtsgericht, sondern dem zuständigen Amtsanwalt zu übersenden,[5]) welcher binnen einer Woche die vorgeschriebene Mitteilung zu machen und dann das Verzeichnis dem Amtsgericht zurückzugeben hat.[6]) [7])

e) Ob noch andere Mitteilungen zu machen sind, wird in Gemäßheit des Artikels II Nr. 36 der Allg. Vf. v. 29. April 1907

---

[1]) Vgl. § 26 Nr. 1 WO., Art. II § 10 d. Ges. v. 6. Mai 80 (RGBl. S. 103), § 26 Nr. 2 WO., § 25 Nr. 2 bis 4 WO., § 17 d. Ges. v. 9. Nov. 67 (BGBl. S. 131) u. Art. II § 12 d. Ges. v. 6. Mai 80 (RGBl. S. 103). — § 1 Nr. 3 Abs. 2, Nr. 4 (vgl. § 30 Ziff. 2 RMG.) u. Nr. 5 Abs. 2 WO.

[2]) Vgl. § 114 Nr. 4a u. Nr. 4b WO.

[3]) Vgl. noch zu den Anm. 2 S. 45, Anm. 1 S. 46 u. Anm. 1, 2 hier Arndt, Komm. zur Verfassung des Deutschen Reichs v. 16. April 71, Berlin, J. Guttentag, 4. Auflage, 1911, die Bem. zu Art. 57, 59 u. 61, S. 305 ff., 315 ff., 324 ff.

[4]) Vgl. unter Nr. 2 S. 41 u. Anm. 2 dort.

[5]) Zum folgenden Text s. auch die von Liedtke-Borchert, Magdeburg, (Verlag von E. Baensch), 1903, herausgegebene Gesch.Anw. f. d. Amtsanwälte v. 28. Aug. 79 (JMBl. S. 260), Bem. 3a, S. 238.

[6]) s. A. Nr. 10 Abs. 1 u. 2, Nr. 11 Abs. 1 d. Allg. Vf. v. 29. April 07. Nach B. Nr. 30 daselbst sind in Privatklagesachen die gemäß Nr. 10 (s. auch Nr. 1) den Beamten der StA. übertragenen Mitteilungen durch das Amtsgericht zu bewirken.

[7]) s. noch die Allg. Vf. v. 26. Jan. 07, JMBl. S. 19: mit Rücksicht darauf, daß wiederholt militärpflichtige Personen, denen Strafaufschub auf Grund des All. Erl. v. 23. Okt. 95 bewilligt war, entgegen der Vorschrift des § 18 d. RMG. v. 2. Mai 74 (RGBl. S. 45) in das Heer eingestellt worden, weil die Ersatzbehörden von dem Strafaufschube keine Kenntnis hatten, ist „zur Vermeidung solcher Einstellungen" bestimmt, daß künftig den Ersatzbehörden auf Strafanfragen außer den Bestrafungen auch die Bewilligung eines Strafaufschubes von der Strafregisterbehörde mitzuteilen ist. Diese Vf. hat wohl jetzt den Ausführungen S. 28 Anm. 3 gegenüber ihre wesentliche Bedeutung verloren. Vgl. auch d. RdErl. d. Min. d. Inn. u. d. Fin. v. 26. Mai 97 (MBlV. S. 126), wonach die Zivilvorsitzenden der Ersatzkommissionen behufs Auskunftserteilung über die Führung der Militärpflichtigen an die „Strafregisterbehörden" sich wenden können (vgl. Müller, a. a. O., Bd. II, S. 1017, dortige Zusätze d bez. b).

(JMBl. S. 359) nach **pflichtmäßigem Ermessen zu entscheiden** sein.[1])

II. Zwischenfälle; Widerruf.

Während der Bewährungsfrist findet eine besondere **Überwachung** des Verurteilten **nicht** statt.[2])

1. Kommen **Umstände**, die **geeignet** erscheinen, einen **Widerruf** der gewährten Vergünstigung zu rechtfer-

---

[1]) Vgl. auch Nr. 13 ff. obiger Bf. — S. noch S. 54 Anm. 2 wegen Anordnung einer Wiedervorlegung der Akten gegen Ende der Bewährungsfrist.

[2]) § 24 Abs. 1 Satz 1. Der Verurteilte soll darnach nicht unter behördliche oder gar polizeiliche Aufsicht gestellt werden (vgl. Meves, a. a. O., S. 17). Als eine „polizeiliche Aufsicht" kann es jedoch nicht angesehen werden, wenn wie in Bremen (durch Verfügung des Senats v. 7. Aug. 00) angeordnet ist, daß die Strafvollstreckungsbehörde alljährlich von der Polizeibehörde des Aufenthaltsortes des Verurteilten Auskunft über dessen Führung einzuziehen hat. In dieser Bestimmung findet sich lediglich ein Anklang an das im **Prinzip** abgelehnte Überwachungssystem und gleichermaßen in der schon oben (S. 42) erwähnten Statuierung der formellen Verpflichtung zur Anzeige des Wohnungswechsels. Man war sich eben wohl darüber klar, daß ein Verurteilter, der in voller Freiheit seines Tuns und Lassens sich bewährt, bessere Garantien wirklicher Besserung für die Zukunft gibt, als derjenige, welcher unter mehr oder minder strenger Schutzaufsicht sich während der Frist gut geführt hat (vgl. Ebermayer, Bedingte Strafaussetzung in der DJZ. 15, 503 u. auch Unger im Recht 14, 599).*) Unzutreffend erscheint es dem gegenüber, wenn Wachenfeld (in Holtzendorff's Enzyklopädie der Rechtswissenschaft, 6. Auflage, Bd. II, S. 280) — übrigens ohne Begründung — allgemein behauptet, daß durch die Einführung der bed. Begnadigung die Strafe in eine Art polizeiliche Überwachung verwandelt ist (vgl. treffend Krohne 29. DJT. 4, 226). S. noch Ziff. 1 Abs. 2 der S. 37 in Anm. 4 angezogenen Ausführungsbestimmungen, wonach in Ansehung der mit bedingtem Strafaufschub versehenen Wehrpflichtigen, welche in das Heer (in die Marine) eingestellt sind, während der aktiven Dienstzeit, d. i. der Bewährungsfrist eine besondere Überwachung nicht stattfindet. — Der Vorentw. lehnt für die einzuführende bedingte Verurteilung eine besondere Vorschrift über eine Schutzaufsicht ab (Begr. S. 140, 141). Der Gegenentw. enthält eine solche: § 92 vbd. mit § 60 (s. die Begr. hierzu S. 84 bis 86, 123). Vgl. § 366 d. Entw. einer StPO. u. Begr. S. 326, 166/167. Siehe auch Landsberg, Der Strafaufschub mit formulierter Bedingung und die freiwillige Erziehungspflegschaft, S. 13 bis 16 in Nr. 2 d. Z. I (1910) u. Becker, Das System der Schutzaufsicht im Rahmen der Jugendgerichtspflege, S. 109 bis 113 in Nr. 10 d. Z. III (1912) sowie Delbrück über eine Schutzaufsicht durch Enthaltsamkeitsvereine in den Schriften des dtsch. Vereins für Armenpflege u. Wohltätigkeit, Heft 95, S. 135 bis 137 u. vgl. dazu Polligkeit, a. a. O., S. 107.

---

*) Immerhin werden in praxi mitunter die privaten Fürsorge-Vereine von der Strafvollstreckungsbehörde angegangen, sich des jugendlichen Verurteilten während der Probezeit anzunehmen (vgl. S. 5 Anm. 1) u. auch Petersen, Gedanken über die Organisation der Jugendfürsorge, Berlin 1912, S. 24).

tigen, zur Kenntnis der Strafvollstreckungsbehörde,[1]) so sind diese ungesäumt dem Justizminister anzuzeigen,[2]) der über die Zurücknahme der Strafaussetzung befinden wird.[3]) Wird insbesondere der Verurteilte innerhalb der ihm gewährten Frist wegen einer anderen Straftat zur Verantwortung gezogen,[4]) so ist

---

[1]) z. B. durch eine Mitteilung der Registerbehörde (vgl. S. 43 Anm. 4 unter I, b, α).

[2]) aber durch besonderen Bericht. Die Widerrufsberichte sind also gegebenenfalls von den Amtsgerichten zu erstatten, jedoch durch den Ersten Staatsanwalt dem JM. einzureichen (§ 24 Abs. 1 Satz 3). Wegen Wiedereinreichung des Verzeichnisses A s. S. 51 Anm. 1.

[3]) § 24 Abs. 1 Satz 2. — Darüber, daß die Nichtanzeige des Wohnungswechsels an sich noch keinen Grund zum Antrage auf Widerruf der Strafaussetzung abgibt, s. S. 58 Anm. 4. Vgl. auch Meves, a. a. O., S. 17 Anm. 1.

[4]) Zeigt sich in einem schwebenden Strafverfahren, daß dem Beschuldigten oder Angeschuldigten (vgl. § 155 StPO.) Strafaussetzung mit der Aussicht auf künftige Begnadigung in einer früheren Sache bewilligt worden ist, dann erscheint zwecks schleuniger Prüfung wegen etwaigen Widerrufs alsbaldige Nachricht zu letzterer Sache von dem neuen Verfahren seitens der Staatsanwaltschaft empfehlenswert, um auch späterem Versehen vorzubeugen (vgl. Marck u. Kloß, a. a. O., S. 226 unter II, 2, b u. S. 346 unter II, 5). Um aber in einer anhängigen Untersuchung so zeitig wie möglich einen gewissen Anhalt zu gewinnen zur Beantwortung der erheblichen Frage nach einer bereits gewährten Vergünstigung in Rede, sollte vorgeschrieben werden, daß bei der ersten richterlichen oder polizeilichen verantwortlichen Vernehmung dem Beschuldigten die ausdrückliche Frage vorgelegt wird: „Haben Sie einmal Strafaussetzung mit Aussicht auf Begnadigung erhalten?", und daß die Tatsache, daß diese Frage vorgelegt worden, und die Erklärung hierauf beurkundet werden. Der Text der amtlichen Formulare St. P. Nr. 9 u. P. F. Nr. 18 (vgl. Weizsäcker, Formularbuch, Berlin, Verlag von Reinhold Kühn, 1899, S. 7, 216) sollte dementsprechend zweckmäßig in der Weise ergänzt werden, daß hinter die Rubrik „Vorbestrafungen" noch die gekennzeichnete Frage eingedruckt wird als weitere Rubrik, deren Ausfüllung so nicht übersehen werden kann und dann pflichtmäßig zu erfolgen hat. Neuerdings ist übrigens, — wie hier beiläufig erwähnt sei —, eine gleichlautende Frage in den „Fragebogen für Strafgefangene" aufgenommen (vgl. das in S. 23 Anm. 4 angezogene Werk von Klein S. 337, 62). Hier kommt die Antwort wohl dabei in Betracht, ob einem Gefangenen, der sich etwa bereits einer „Strafaussetzung" unwürdig gezeigt hat, die Vergünstigung der „vorläufigen Entlassung" (vgl. §§ 23 bis 26 StGB. u. dazu Müller, a. a. O., Bd. II, S. 1926 ff., IV d. Allg. Vf. v. 14. Aug. 79, JMBl. S. 237 u. hierzu Dalcke, a. a. O., S. 901 sowie A. Nr. 3 d. Allg. Vf. v. 29. April 07, JMBl. S. 359 u. auch § 25 d. Gesch.O. f. d. Sekretariate der Staatsanwaltschaften bei den Oberlandesgerichten v. 12. Nov. 06, JMBl. S. 519) zu teil werden soll, da diese mit jener verwandte Einrichtung als ein Ausfluß des mit der staatlichen Strafe zu verfolgenden Zweckes, insoweit er auf Besserung gerichtet ist, anzusehen (vgl. auch Rosenfeld, Bedingte Begnadigung und vorläufige Ent-

die Entscheidung des Justizministers über den Widerruf der Strafaussetzung einzuholen,[1]) sobald über die Schuld des Verurteilten und über die Notwendigkeit des Widerrufs keine Zweifel mehr bestehen,[2]) spätestens aber alsbald nach der Rechtskraft der neuen Verurteilung.[3]) Das Verfahren ist stets so zu beschleunigen, daß die Wiederaufnahme der ausgesetzt gebliebenen Strafvollstreckung möglichst vor dem Vollzug der verhängten neuen Strafe erfolgen kann.[4])

lassung in Preußen [Aschaffenburgs Monatsschrift II, 1905, S. 731 ff.], der eigenartig letztere Maßregel in nähere Beziehung zur ersteren zu bringen sucht, und besonders den (S. 32 Anm. 4) angezogenen gedankenreichen Aufsatz von Langer, a. a. O., S. 473 ff., 529 ff.). In diesem Zusammenhange sei noch angemerkt, daß der Vorentw. die vorläufige Entlassung in den §§ 26 bis 29 und der Gegenentw. sie in den §§ 55 bis 59 enthält (s. hierzu die Begr. S. 96 bis 108 bez. S. 82 bis 85).

[1]) und zwar in allen Fällen dieser Art mittels Berichts auch dann, — wie der JM. aus Anlaß eines Spezialfalles erläuternd bemerkt hat —, wenn die Strafvollstreckungsbehörde einen Widerruf nicht für angezeigt erachtet (vgl. Dalcke, a. a. O., S. 907 Anm. 3) und z. B., da die neue Straftat nicht recht erheblicher Natur ist, höchstens Anlaß nehmen will, eine Verlängerung der Bewährungsfrist für die ausgesetzte Strafe und gleichzeitig Aussetzung der Vollstreckung auch der neu erkannten Strafe zu beantragen, falls diese eine — nicht etwa durch kurze Untersuchungshaft wegen Bettelns, Landstreichens gemäß § 60 StGB. für verbüßt erachtete — Freiheitsstrafe ist (vgl. auch den Sonderfall S. 32 Anm. 2).

[2]) vgl. Nr. 7 d. Erl. d. JM. v. 16. Juli 98 — I. 4390 —. Die Zweifel über Schuld oder Nichtschuld eines Verurteilten haben mit der formellen Rechtskraft des Urteils an sich nichts zu tun. Es können Zweifel über die Schuld bestehen, wenn jemand verurteilt und Zweifel über Schuldlosigkeit, wenn jemand freigesprochen ist. Die Frage des Widerrufs einer Strafaussetzung ist unabhängig von der Frage des Erwachsens eines Urteils in Rechtskraft.

[3]) § 24 Abs. 2, zumal auch die Fristbestimmung nach der Rechtskraft schlechthin bei ev. Beschreitung der Berufungs- und Revisionsinstanz kaum berechenbar wäre. — Übrigens kann die Strafaussetzung dem Rückfallsverbrecher einen Vorteil einbringen. Denn während der Bewährungsfrist kommt die Strafe, da sie noch nicht „verbüßt" und nur ausgesetzt, noch nicht „erlassen" (§§ 245, 264 Abs. 3 StGB.) ist, für die Begründung des Rückfalls noch nicht in Betracht (vgl. Marck u. Kloß, a. a. O., S. 573 unter XVII u. auch § 87 d. Vorentw. nebst Begr. S. 348 bis 351).

[4]) § 24 Abs. 3 Satz 1, vgl. Nr. 7 d. Erl. d. JM. v. 16. Juli 98 — I. 4390 —. Auch während der Probezeit erfolgte Verurteilungen durch ausländische Gerichte oder durch die Militärgerichte (z. B. wegen der am Tage der Kontrollversammlung verübten militärischen und der damit zusammentreffenden nichtmilitärischen Delikte, vgl. Schlayer, Deutsche Militär- und Zivilgerichtsbarkeit, Berlin, J. Guttentag, 1900, S. 36, 12) kommen für einen Widerruf in Frage (vgl. S. 20 Anm. 4).

2. Liegen seine Voraussetzungen vor, dann ist der Widerruf unverzüglich zu beantragen.[1]) Es ist unzulässig, etwa zunächst den Ablauf der Bewährungsfrist abzuwarten und dann mit dem Strafvollzuge vorzugehen.[2]) [3]) [4])

---

[1]) Wegen des Berichts vgl. S. 49 Anm. 2 u. das Beispiel bei Krobitzsch, a. a. O., § 98, S. 278/279. — Bei Anträgen auf Widerruf oder auf Verlängerung einer Strafaussetzung (s. S. 56 unter c Nr. 2 u. S. 57 mit Anm. 1) ist zur Erleichterung des Geschäftsganges im Justizministerium das Verzeichnis A, in welchem der Fall eingetragen steht, zu bezeichnen und wieder einzureichen (§ 24 Abs. 3 Satz 2, vgl. Erl. d. JM. v. 1. Juli 97 — I. 1000 —). Erscheint diese Einreichung aus besonderen Umständen nicht tunlich, so hat in jedem Falle der Bericht über die aus dem Formular „C" (s. im Anhang S. 115 bis 117 u. vgl. unter a S. 90) ersichtlichen Einzelheiten Auskunft zu geben, vgl. Nr. 3 d. Erl. d. JM. v. 20. Mai 99 — I. 2039 —; anzugeben wird sein, soweit die frühere Bestrafung in Betracht kommt, das Alter des Verurteilten bei der Tat, — insbesondere ob unter oder über 18 Jahre —, die Verbüßung oder Nichtverbüßung von Freiheitsstrafen wegen Verbrechen oder Vergehen vor der fraglichen Tat, die Straftat, das Gericht I. Instanz, die Strafe und die Dauer der Bewährungsfrist.

[2]) § 24 Abs. 4, vgl. Abs. 2 d. Erl. d. JM. v. 14. Juli 00 — I. 4337 —. S. noch S. 78 Anm. †).

[3]) Der § 24 hat durch die RdVf. d. JM. v. 5. April 11 — I. 4543 — (vgl. S. 28 Anm. 3) folgenden neuen (fünften) Absatz erhalten: „Handelt es sich um einen Wehrpflichtigen, so ist auf dem in § 25 Abs. 1 bezeichneten Wege (s. S. 54/55 unter b Nr. 1 u. Nr. 2) festzustellen, ob der Betreffende sich im aktiven Dienste des Heeres oder der Marine befindet. In diesem Falle ist der Widerruf nur in den unbedingt notwendigen Fällen zu beantragen und das Militärverhältnis in dem Bericht anzugeben." Vgl. hierzu die S. 55 Anm. 5 im Wortlaut angegebene Ziff. 2 der S. 37 in Anm. 4 angezogenen Ausführungsbestimmungen.

[4]) Zu unbefriedigendem Ergebnisse würde es führen, wenn man entgegen dem hier (S. 19 Anm. 1) gekennzeichneten Standpunkte die Anwendbarkeit des All. Erl. auf durch diesseitige Gerichte erfolgte Verurteilungen von Ausländern wegen im Inlande begangener strafbaren Handlungen bejahen wollte. Denn begibt sich beispielsweise der Ausländer während der Bewährungsfrist für die Dauer ins Ausland, und erlangt hiervon die Strafvollstreckungsbehörde erst von dritter Seite Kenntnis, so könnte zwar im Einzelfalle ein Grund zum Widerruf gegeben sein, aber die künftige Strafvollstreckung wäre in Frage gestellt. Zeigt aber der Ausländer rechtzeitig der Strafvollstreckungsbehörde die Verlegung des Wohnsitzes ins Ausland an, so würde vielleicht in concreto ein Grund zum Widerruf nicht vorliegen, aber auch die spätere Begnadigung sich schwerlich in die Wege leiten lassen. Im Zusammenhange sei hier auf das schon daraus resultierende wesentliche Bedenken hingewiesen, daß bei Ausländern die Feststellung der Vorstrafen mit Schwierigkeiten verknüpft sein könnte, und daher unter Umständen von vornherein die Prüfung der Würdigkeit nicht oder doch nicht genügend genau sich ausführen ließe. Ob nämlich die Strafaussetzung Aussicht auf Erfolg bietet und somit zu befürworten ist, kann nur unter Berücksichtigung

B. Begnadigung.

§ 1. Voraussetzungen.

Die Voraussetzung für die Erwirkung der Begnadigung ist die *gute Führung*, d. h. ein *positives zufriedenstellendes Gesamtverhalten* des Verurteilten während der Bewährungsfrist. Daher steht einerseits eine inzwischen erfolgte *weitere Bestrafung nicht im Wege*, z. B. wenn sie wegen einer geringfügigen Übertretung oder selbst wegen eines Vergehens erfolgt ist, das unter Umständen verübt war, welche die sittliche Verschuldung des Täters in besonders mildem Lichte erscheinen lassen.[1]) Andererseits ist aber auch der *Mangel* einer ferneren *Bestrafung* oder die Tatsache, daß nichts Nachteiliges über den Verurteilten bekannt geworden ist, *nicht genügend*.[2])

---

der Gesamtpersönlichkeit des Verurteilten festgestellt werden. Dabei kommen, wie erwähnt, die Umstände der Tat selbst, das Verhalten vor und nach der Tat in Betracht. In dem Vorleben (den „Antecedentien") des Verurteilten spielt nun aber die Tatsache, daß er bereits früher einmal mit dem Strafgesetz in Widerstreit geraten ist, eine besonders wichtige Rolle (Über die Wertung dieser Tatsache vgl. S. 19 u. S. 20 Anm. 3 sowie S. 22 Anm. 1). Aber auch die Feststellung des sonstigen relevanten Vorlebens von Ausländern würde vielfach kaum zu beseitigenden Hindernissen begegnen und wohl häufig mit einem dem Geiste des Institutes widersprechenden Zeitaufwande verbunden sein. — Aus ähnlichen Gründen erscheint die bed. Begnadigung auf Personen von mangelnder Staatsangehörigkeit wohl nicht anwendbar, während bei Personen von zweifelhafter Staatsangehörigkeit die Frage nicht einheitlich zu entscheiden sein dürfte. Deutsche Nicht-Preußen unterliegen als Reichsinländer im Gegensatz zu den Reichsausländern dem All. Erl.; übrigens ist ja auch die bed. Begnadigung in fast sämtlichen deutschen Einzelstaaten eingeführt (vgl. die Denkschriften des Reichsjustizamtes).

[1]) Man denke hier z. B. auch, daß der Verurteilte nur eine fahrlässige Straftat begangen oder aus Not gehandelt hat.

[2]) § 26 Satz 2, vgl. Meves über den Begriff der „guten Führung" (a. a. O. S. 15). Steht man auf dem Standpunkt von v. Liszt (a. a. O. S. 79), daß letztere durch greifbare, unzweifelhafte Tatsachen nicht positiv bestimmt werden kann, so wird man negativ die Vermeidung einer „schlechten Führung" als Voraussetzung endgiltiger Begnadigung aufstellen können. Was jedoch unter „schlechter Führung" zu verstehen ist, und welche Tatsachen diesen Begriff ergeben, dürfte im einzelnen Fall ernstlichen Zweifeln nicht unterliegen. Lediglich als Beispiele einer schlechten Führung seien hier genannt: Begehung einer strafbaren Handlung, liederlicher oder unsittlicher Lebenswandel, Tagedieberei und Verkehr in schlechter Gesellschaft. Im übrigen erscheint aber die Auffassung, der Begriff der „guten Führung" sei zu dehnbar, nicht ge-

Aus diesem Gesamtverhalten innerhalb der ihm bewilligten Frist muß erkennbar sein, daß Verurteilter die in ihn gesetzten Erwartungen derart erfüllt hat, daß ein ferneres Wohlverhalten gesichert ist.[1])

§ 2. Prüfungsverfahren.

a) Zuständigkeit.

Die Zuständigkeit ist ebenso wie bei dem Verfahren hinsichtlich der Strafaussetzung geregelt.[2])

---

rechtfertigt. Hält man mit v. Liszt, der für die bedingte Verurteilung eintritt, den Richter für fähig, zu beurteilen, ob der Täter mit Rücksicht auf seine bisherige „gute Führung" der Strafaussetzung würdig sei, so ist nicht abzusehen, weshalb er nicht auch in der Lage sein soll, zu beurteilen, ob der Täter während der Probezeit sich so geführt hat, daß er einen Gnadenerweis verdient. Zu demselben Ergebnis gelangt Ebermayer, a. a. O., S. 502 (vgl. auch die Begr. zum Vorentw. S. 139). — Der vom Gegenentw. gestrichene § 57 des Vorentw. (Begr. dazu S. 189 ff.) läßt die Erwägung aufkommen, ob nicht bei der bed. Begnadigung die Feststellung des Vorliegens einer guten Führung u. a. vom Ersatz des Schadens durch den Verurteilten, soweit er zu dessen Leistung in besonderer Berücksichtigung des Umstandes in der Lage ist, daß er infolge der Strafaussetzung während dieser aus seiner Erwerbstätigkeit nicht herausgerissen wird, abhängig gemacht werden könnte (vgl. auch S. 25 u. Anm. 4 dort). Denn die bed. Begnadigung verfolgt einen Erziehungszweck. Es ist aber u. a. recht erziehlich, wenn der Verurteilte motiviert wird, den von ihm angerichteten Schaden wieder gut zu machen, und wenn er sich anstrengen muß, um das durch eigene Arbeit und Entbehrungen am Lebensgenuß auszugleichen, was er gefehlt hat. Bemerkenswert in diesem Zusammenhange ist ein neuerliches Rundschreiben des hessischen Justizministers, wonach in Fällen, in welchen die Straftat auf Trunkenheit zurückzuführen, angeordnet ist, daß es zur guten Führung unbedingt gehört, daß der Verurteilte während der Erprobungszeit seine Neigung zum übermäßigen Genuß alkoholischer Getränke bekämpft, dem Trunke sich nicht hingegeben hat (vgl. § 43 Vorentw., § 69 Gegenentw. nebst Begr. S. 157 bis 161 bez. S. 98 bis 101 und s. auch S. 48 Anm. 2 a. E.). — Man sollte auch in Preußen außer der allgemeinen Pflicht zum Wohlverhalten dem Verurteilten besondere Verpflichtungen materieller Art (etwa Entschädigung des Verletzten, Meidung des Wirtshauses) auferlegen (vgl. Haberstumpf, neue Wege der bed. Begnadigung, Seuff Bl. 76, 26). — Klee in GoltdArch. 57, 180 verwirft de lege ferenda jede nachträgliche, von der Bedingung guter Führung überhaupt abhängig gemachte Strafvollstreckung.

[1]) vgl. § 30 zu d, s. auch S. 58 Anm. 4.

[2]) vgl. S. 24.

b) Prüfung hinsichtlich der Voraussetzungen.[1])

1. Gegen Ablauf des bewilligten Ausstandes haben die Strafvollstreckungsbehörden durch sorgfältige Erkundigungen nach der Führung des Verurteilten in der Zwischenzeit festzustellen,[2]) ob die hier unter B § 1 gedachten Voraussetzungen vorliegen oder nicht.[3]) [4]) In der Regel werden in kleineren Gemeinden der Polizeiverwalter, die Vorsteher und Mitglieder der Gemeindeverwaltung, der Geistliche[5]) oder Lehrer des Ortes, unter Umständen auch der Brotherr oder Arbeitgeber zur Auskunftserteilung geeignet sein.[6]) Eine Befragung der Polizeibehörde wird, wenigstens in größeren Orten, schon wegen Ermittelung etwaiger Bestrafungen stattfinden müssen.[7]) Auch die Vorsteher und Mitglieder der Vereine zur Fürsorge für entlassene Strafgefangene[8]) sowie die Waisenräte[9]) werden mitunter geeignete und bereite Auskunfts- und Mittelspersonen sein.[10])

2. Diese Erkundigungen sind in schonender Art und so anzustellen, daß den Befragten, wenn ihnen der Zusammenhang mit einer früheren

---

[1]) Vgl. hierzu die Ausführungen bei Meves, a. a. O., S. 17 sowie S. 18 mit Anm. 1 u. 2.

[2]) Deshalb wird gleichzeitig mit den Verfügungen nach dem Eintreffen der Bewilligung der Strafaussetzung (vgl. oben § 4, I, S. 41 bis 48) stets eine Wiedervorlegung von mindestens sechs Wochen vor dem Ablauf der Bewährungsfrist anzuordnen sein. In der Praxis ist eine achtwöchige Reproduktionsfrist üblich (vgl. S. 48 Anm. 1).

[3]) „ob der Fall dazu angetan ist, die Begnadigung des Verurteilten auf Grund guter Führung während der Strafaussetzung in Aussicht zu nehmen" (§ 1).

[4]) § 25 Abs. 1 Satz 1.

[5]) Wegen der allgemeinen Mitteilung an sie bei Untersuchungen gegen Konfirmanden im Alter von 12 bis 16 Jahren s. A. Nr. 19 d. Allg. Vf. v. 29. April 07 (JMBl. S. 359).

[6]) § 25 Abs. 1 Satz 3.

[7]) § 25 Abs. 1 Satz 5.

[8]) vgl. hierzu S. 23 in Anm. 4.

[9]) vgl. das praktisch brauchbare Buch von Sommer, Das Amt des Waisenrats, Coblenz (3), 1909, Verlag von W. Redhardt, S. 55 ff., 61, 62.

[10]) § 25 Abs. 1 Satz 4. — In Ziff. III Abs. 3 Satz 3 d. Allg. Vf. v. 19. Nov. 95 (vgl. S. 12) hieß es noch: Daß die Auskunft nur von zuverlässigen und einsichtigen Personen zu erfordern ist, bedarf keiner besonderen Hervorhebung.

Bestrafung bekannt gegeben werden muß, jedenfalls zugleich bemerklich gemacht wird, daß es sich um die Frage des Erlasses der Strafe auf Grund guter Führung handelt.[1]) Bei der Verwendung polizeilicher Exekutivbeamten zur Ausführung der Erkundigungen ist zu verhüten, daß die Nachfrage unter dem Gesichtspunkt einer kriminalpolizeilichen Ermittelung aufgefaßt wird.[2]) Wird schriftliche Auskunft erfordert,[3]) so wird darauf hinzuweisen sein, daß eine allgemeine Bemerkung, der Verurteilte habe sich gut geführt, nicht genügt, daß vielmehr nähere Angaben über sein Verhalten und seine Lebensverhältnisse erforderlich sind.[4]) [5])

---

[1]) § 25 Abs. 1 Satz 2. — Der angegangenen Auskunftsperson kann freilich ein Schweigegebot nach Maßgabe des § 175 Ges. v. 5. April 88 (RGBl. S. 133) nicht auferlegt werden, aber einer dahingehenden Vorschrift bedarf es auch nicht nach dem oben im Text und S. 54 Anm. 10 Gesagten. Für Verschwiegenheit bieten eben hinreichend Gewähr die Träger der aus reiner Quelle fließenden Informationen.

[2]) § 25 Abs. 1 Satz 6. So wird einer Schädigung der sozialen Stellung des Verurteilten wirksam vorgebeugt.

[3]) Dies geschieht regelmäßig unter Benutzung des amtlichen Formulars St. A. 65, s. im Anhang S. 112.

[4]) § 25 Abs. 1 Satz 7.

[5]) Der § 25 hat durch die RdVf. d. JM. v. 5. April 11 — I. 4543 — (vgl. S. 28 Anm. 3) folgenden neuen (dritten) Absatz erhalten: „Handelt es sich um einen Wehrpflichtigen, so ist auf dem im Abs. 1 bezeichneten Wege (s. S. 54/55 unter b Nr. 1 u. Nr. 2) festzustellen, ob der Betreffende sich im aktiven Dienste befindet oder während der Bewährungsfrist seiner aktiven Dienstpflicht genügt hat. — Kann für eine im aktiven Dienste des Heeres oder der Marine befindliche Person die Begnadigung nicht beantragt werden, so ist tunlichst die Verlängerung des Strafaufschubs wenigstens bis zur Beendigung der aktiven Dienstzeit zu beantragen (vgl. oben im flgd. Text unter c Nr. 2). Erscheint auch dies nicht angängig, so ist vor Herbeiführung der Strafvollstreckung die Entscheidung des Justizministers einzuholen. Vgl. hierzu den folgenden Wortlaut der Ziffern 2 bis 4 der S. 37 in Anm. 4 angezogenen Ausführungsbestimmungen:

2. Nur auf Anfragen der zuständigen Gerichtsbehörden usw. übersenden die Bataillons- usw. Kommandeure (die Marineteile) diesen eine kurze Äußerung über die Führung des bedingt Begnadigten während seiner aktiven Dienstzeit unter Beifügung eines Stammrollenauszugs mit vollständigem Strafverzeichnisse.

3. Führt sich ein bedingt Begnadigter nach seiner Einstellung nicht derart, daß nach Ablauf seiner Bewährungsfrist seine Begnadigung angezeigt erscheint, so wird

Im übrigen[1]) gilt für diese Ermittelungen das Seiten 31 und 28 Anm. 1 Bemerkte.[2])

c) Ergebnis der Prüfung.

Das *Ermittelungsergebnis* kann nun ein *vierfaches* sein.

1. Ist es *derart ungünstig*, daß die *Begnadigung* von der Strafvollstreckungsbehörde *nicht für angezeigt erachtet wird*, so ist unter *kurzer Registrierung der Gründe zu den Akten* die *Strafvollstreckung herbeizuführen*.[3]) [4])

2. Erscheint der Verurteilte zwar der *sofortigen Begnadigung nicht würdig*, wird aber von einer *verlängerten Probezeit ein guter Erfolg erwartet*,[5]) so kann eine *weitere Strafaussetzung*

---

möglichst angestrebt werden, durch Verlängerung der Bewährungsfrist die Notwendigkeit einer Strafverbüßung . . . . . . während der aktiven Dienstzeit oder einer Entlassung behufs Vollstreckung der Strafe durch die Zivilbehörden zu vermeiden.

4. Muß jedoch in Ausnahmefällen während der Dienstzeit zur Strafvollstreckung . . . . . geschritten werden, weil ein weiterer Aufschub nicht bewilligt werden kann, so ist . . . . . .

a) wenn es sich um eine längere als sechswöchige Freiheitsstrafe handelt, die Entlassung des Mannes zur Disposition der Ersatzbehörden nach § 82, $2c^{bb}$ WO. zu verfügen,

b) wenn es sich dagegen um eine Freiheitsstrafe von 6 Wochen und darunter handelt, die Verbüßung der Strafe auf Ersuchen der Gerichtsbehörden usw. vom zuständigen Gerichtsherrn (§ 1, $_2$ StVB.) [§ 1, $_2$ Marine-Strafvollstreckungs-Ordnung] sofort anzuordnen.

Hierzu wird bemerkt, — heißt es weiter a. a. O. —, daß die Frage der Gewährung des Strafaufschubs, ... der Bewertung der Führung eines eingestellten Wehrpflichtigen während der Bewährungsfrist, sowie der sich daraus ergebenden Maßnahmen zum Zwecke des Erlasses der Strafe usw. lediglich Sache der bürgerlichen Behörden ist. Eine Mitwirkung der Truppenteile (der Marineteile) usw. kommt nur *auf besonderes Ersuchen dieser Behörden*, und zwar allein in dem Umfange, wie vor unter Ziff. 2 und 4 angegeben ist, in Betracht.

[1]) s. aber auch S. 59 Anm. 3. [2]) § 25 Abs. 2 vbd. mit § 12.

[3]) § 33 Satz 1, vgl. S. 32 mit Anm. 3.

[4]) Nicht *berücksichtigte Personen* können ebenfalls mittels *Beschwerde* die *Entscheidung der vorgesetzten Dienstbehörde anrufen* (§ 40 Abs. 2). Vgl. S. 32 Anm. 4.

[5]) *Aschaffenburg* (Das Verbrechen und seine Bekämpfung, 2. Auflage, Heidelberg, Carl Winter, 1906, S. 250, 251) empfiehlt *allgemein recht* langdau-

beantragt werden. Zu diesem Zweck ist der Fall in das nächste Verzeichnis A wieder aufzunehmen.[1])

---

ernde Bewährungsfristen: die Strafaussetzung müßte für längere Zeit als Damoklesschwert über dem Verurteilten schweben, eine stete Warnung vor dem Rückfall und ein steter Anreiz zum Wohlverhalten. Dieser Auffassung ist prinzipiell zuzustimmen, da sie den Grundgedanken und eigentlichen Erziehungszweck der Einrichtung trifft. Dadurch, daß die Vollstreckung oder der Erlaß der verwirkten Strafe von dem Verhalten des Täters während eines sog. Schwebezustandes abhängig gemacht wird, soll der Täter zu rechtgemäßer Lebensführung motiviert, und der Begnadigung soll nur teilhaftig werden, wer sich wirklich gebessert hat. Hierüber ist aber regelmäßig ein genügend sicheres Urteil erst zu gewinnen, sofern die gute Führung des Verurteilten während einer längeren Probezeit angehalten hat. Immerhin muß man auch bei der gekennzeichneten grundsätzlichen Stellungnahme nach dem S. 35 bis 37 unter b, α u. Anmerkungen 3, 4 dort Gesagten beachten, daß die Dauer der Probezeit jeweils nach den Umständen des einzelnen Falls festzusetzen ist. Freilich erhöht naturgemäß — worauf auch die Denkschrift hinweist — eine verminderte Dauer der Probezeit die Aussichten des Verurteilten, zur Begnadigung zu gelangen. Diese Folgerung ist jedoch unabweisbar, wenn im einzelnen Fall die Abkürzung der Frist sich als notwendig herausstellt. Hierbei ist indes daran zu erinnern, daß zu jenem kriminalpolitischen positiven Grundgedanken (Determinierung des Verurteilten durch die Aussicht auf Vollzug oder Erlaß der Strafe), auf welchem das Institut beruht, noch die negative Erwägung wesentlich hinzukam, daß die kurze Freiheitsstrafe weder zu bessern noch abzuschrecken geeignet ist, daß sie aber schwere Gefahren für die Zukunft des Verurteilten und damit für die Gesellschaft selbst mit sich bringt (vgl. v. Liszt, a. a. O., S. 5, 6 u. Heilborn, Die kurze Freiheitsstrafe, Leipzig, Verlag von W. Engelmann, 1908, S. 20 bis 30). Wie aber oben gezeigt (vgl. S. 35 mit Anm. 3 u. S. 37 Anm. 4), sind es vornehmlich die kurzen Freiheitsstrafen, die eine Verminderung der Dauer der Bewährungsfrist erheischen. Erwägt man nun, daß die Betroffenen infolge der — allerdings nach kurzer Bewährungsfrist eintretenden — Begnadigung von der Freiheitsstrafe und den damit verbundenen schädlichen Folgen bewahrt bleiben, so wird man die hervorgehobene unvermeidliche Konsequenz ohne jedes Bedenken hinzunehmen haben, zumal doch auch die gute Führung während längerer Zeit ein trügerisches Symptom für eine nachhaltige Besserung und andererseits ein tadelfreies Verhalten selbst während kürzerer Zeit Anzeichen einer nicht lediglich vorübergehenden Besserung sein kann. Die Aussetzung wirkt eben selbstverständlich verschieden auf verschiedene Menschen.

[1]) § 28 Abs. 2. Das Verzeichnis A, in welchem der Fall bereits eingetragen ist, ist dabei zu bezeichnen, und wenn möglich, wieder mitzusenden, vgl. S. 51 Anm. 1. Die Eintragung in Spalte 8 zu c des Verzeichnisses A kann z. B. lauten: „Dem Verurteilten war bereits nach dem hier beigefügten Verzeichnis A für (Monat) (Jahr) Fall Nr. . . . durch Erlaß des Herrn JM. vom . . . Strafaussetzung bis zum . . . bewilligt. Nach Ablauf der ersten Hälfte der Bewährungsfrist hat sich Verurteilter mit Genehmigung des Gerichts am . . . . ins Ausland begeben, seitdem aber zunächst nichts mehr von sich hören lassen. Wenige Tage vor Ablauf der

3. In zweifelhaften Fällen ist die Entscheidung des Justizministers dadurch einzuholen, daß der Fall in das Verzeichnis B[1]) „einstweilen“ aufgenommen, aber unter kurzer Darlegung der Gründe als zweifelhaft bezeichnet wird.[2])

4. Fällt die Prüfung derart aus, daß eine vollständige oder teilweise Begnadigung[3]) angezeigt erscheint, und stellen sich auch sonst keine Bedenken heraus,[4]) so ist von den Seite 24 genannten Behörden, wie folgt, zu verfahren.

Probezeit ist Verurteilter zu seinen angesehenen Eltern nach . . . . zurückgekehrt und hat alsbald dem Gericht gegenüber zu begründen versucht, daß die Verletzung seiner Verpflichtung, den jeweiligen Aufenthalt zu den Akten anzuzeigen, auf einer — den Umständen nach verzeihlichen — Nachlässigkeit beruhte. Wenn nun auch Verurteilter glaubhaft gemacht hat, daß er im Auslande stets fleißig gearbeitet, zudem günstige Zeugnisse seiner Arbeitgeber vorgewiesen hat, und ferner die diesseitige Polizeibehörde die Führung des Verurteilten innerhalb der ersten Hälfte der Erprobungszeit als eine gute bescheinigt, so hat die Strafvollstreckungsbehörde ein abschließendes Urteil über den Grad der anscheinenden Besserung des Verurteilten noch nicht gewinnen können und hält vielmehr dafür, daß weitere Beobachtungen des nun dauernd hier in . . . . zu bleiben gewillten Verurteilten, — der immerhin durch obige Unterlassung sich um so weniger zuverlässig erwiesen, als er vor der Ausreise noch besonders an jene Pflicht gerichtsseitig ermahnt worden —, erforderlich sind, um festzustellen, ob die anscheinende Besserung tatsächlich vorhanden und eine nachhaltige ist. Es kann aber nach dem Gesagten von einer verlängerten Probezeit wohl ein guter Erfolg erwartet werden. Daher wird eine weitere Strafaussetzung [bis zum . . .] beantragt.“

[1]) und zwar in die Spalte 9 zu b, s. S. 61.

[2]) § 33 Satz 2. Die Eintragung kann z. B. lauten: Da der Verurteilte den größten Teil der Probezeit im Lande umhergezogen ist, bald da und dort gearbeitet und wohl mehr aus Nachlässigkeit seinen jeweiligen Aufenthalt zu den Akten anzuzeigen zunächst unterlassen hat, diesen auch dann aus dem Gedächtnis im einzelnen nur unvollständig anzugeben vermochte, so hat sich nach Lage der eingezogenen Erkundigungen ein sicheres Bild über das Gesamtverhalten des Verurteilten nicht gewinnen lassen. Andererseits war die Führung des Verurteilten während der Bewährungsfrist — soweit ermittelt — eine sehr gute, so daß es ohne weiteres nicht gerechtfertigt erscheint, ihm die Wohltat eines Gnadenerweises, als welcher völliger Straferlaß in Frage käme, vorzuenthalten. Der Fall liegt also zweifelhaft und wird daher der Entscheidung des Herrn Justizministers gehorsamst anheimgestellt.

[3]) vgl. § 28 Abs. 1.

[4]) § 26 Satz 1 erste Hälfte. Die Verletzung der Pflicht zur Anzeige des Wohnungswechsels insbesondere (vgl. S. 42 zu a u. dortige Anm. 3 sowie S. 48 Anm. 2 u. S. 49 Anm. 3) rechtfertigt die Nichtaufnahme des Verurteilten in das oben im folgenden Text besprochene Verzeichnis B nur dann, wenn die Unterlassung auf ein schuldhaftes Verhalten hinweist, das den Verurteilten eines Gnadenerweises

§ 3. Erwirkung der Begnadigung.

I. Aufstellung des Verzeichnisses B.

Für die einer Begnadigung würdig Befundenen ist ein Gnadenerweis durch Ausfüllung des nach dem amtlichen Formular St. A. 195 [1]) zu führenden Verzeichnisses B [2]) zu beantragen.[3]) Im allgemeinen ist dasselbe, was bei

---

unwürdig macht, z. B. wenn der Verurteilte sich dem Landstreichen ergibt oder sich in unlauterer Absicht verborgen hält („Latitieren"). Aus Nachlässigkeit, Vergeßlichkeit oder Ungewandtheit begangene Verstöße gegen die Anzeigepflicht sind für die Beurteilung der Würdigkeit des Verurteilten von untergeordneter Bedeutung und nur in den in das Verzeichnis B (Spalte 9 zu b, s. S. 61) aufgenommenen Anträgen zu erörtern (§ 27), vgl. Abs. 1 d. Erl. d. JM. v. 14. Juli 00 — I. 4337 — u. auch Meves, a. a. O., S. 19 Anm. 1. Die Eintragung kann z. B. lauten: „Es wird völliger Erlaß der Strafe beantragt. — Verurteilter, der nur aus Verführung gefehlt, ist sittlich noch unverdorben; seine Person bietet eine genügende Garantie für einen künftigen rechtgemäßen Lebenswandel und eine moralisch einwandfreie Aufführung. Die Führung während der Erprobungszeit war eine tadellose. Verurteilter hat allerdings den wiederholt erfolgten Wechsel seiner Wohnung nicht immer zu den Akten angezeigt. Doch haben die Ermittelungen ergeben, daß letztere Unterlassungen auf bloßer Vergeßlichkeit beruhten und daher nicht geeignet sind, das Urteil über das Gesamtverhalten des Verurteilten irgendwie ungünstig zu beeinflussen. Verurteilter ist offenbar nachhaltig gebessert und somit unbedenklich einer Begnadigung würdig. Der gestellte Gnadenantrag ist deshalb gerechtfertigt." — Die Vorschrift des § 27 dürfte im Sinne des Verschuldens restriktiv zu interpretieren sein. — Für etwaige Aufenthaltsermittelungen wird empfohlen das Buch von Wörmbcke, Wie findet man Personen unbekannten Aufenthalts?, ersch. im Selbstverlage des Verfassers in Dockenhuden bei Hamburg.

[1]) s. im Anhang S. 113.

[2]) Nach der Allg. Vf. v. 25. April 06 (JMBl. S. 112) und der sie abändernden Allg. Vf. v. 9. Nov. 10 (JMBl. S. 393) hat der Gerichtsschreiber nach Weisung des Richters die Ausfüllung der Spalten 1 bis 7 zu entwerfen (II Ziffer 46), vgl. nach der Allg. Vf. d. JM. v. 7. Mai 06 (JMBl. S. 139) und der sie abändernden Allg. Vf. v. 9. Nov. 10 — I. 7530 — der Sekretär nach Weisung des Staatsanwalts (IV Ziffer 16). Mit dieser Maßgabe hat der Sekretär auch Anfragen über Vorleben, Führung usw. der Verurteilten vor Einstellung in das einzureichende Verzeichnis B zu entwerfen (V Ziffer 11).

[3]) § 26 Satz 1 zweite Hälfte. — Die oben unter b S. 54, 55 gedachten Ermittelungen sind so rechtzeitig und schleunig zu bewirken, daß die Einstellung des Falles in das Verzeichnis B in dem ersten Monate des Kalenderquartals erfolgen kann, das auf den Tag des Ablaufs der Bewährungsfrist folgt: § 25 Abs. 2 Satz 1, vgl. Abs. 2 Satz 7 u. ferner Abs. 1 Satz 2 d. Allg. Vf. d. JM. v. 28. Juni 05 — I. 3143 — : es ist darauf hinzuwirken, daß die Entscheidung über die Begnadigung

dem Verzeichnis A oben Seite 34 [1]) angeführt worden, im einzelnen aber folgendes zu beachten.

a) In Spalte 4 „Straftat unter Bezeichnung des Strafgesetzes“ ist die Straftat in gleicher Weise wie in Spalte 4 des Verzeichnisses A darzustellen. Geeignetenfalls kann die Darstellung aus dem Verzeichnis A übernommen werden.[2])

b) In Spalte 7 [3]) „Es war genehmigt, die Vollstreckung der Freiheitsstrafe auszusetzen bis zum“ [4]) sind, wenn auf eine Freiheitsstrafe an zweiter Stelle oder wenn auf Haft erkannt war, die betreffenden für die Ausfüllung der Spalte 7 des Verzeichnisses A in diesen Fällen vorgeschriebenen Angaben aufzunehmen.[5])

c) In Spalte 8 „Äußerung über die Führung seit der Verurteilung“ ist die Führung des Verurteilten, wenn angängig, näher darzulegen und zu bescheinigen.[6])

oder nachträgliche Vollstreckung baldigst nach Ablauf der Bewährungsfrist ergeht. Die erforderlichen Ermittelungen sind daher stets als eilig zu behandeln, vgl. auch S. 31 Anm. 6 u. ferner d. Allg. Vf. v. 23. Dez. 73 (JMBl. S. 344), wonach für die Bearbeitung von Gnadensachen möglichste Beschleunigung allgemein vorgeschrieben ist.

[1]) vgl. auch dort Anm. 2 u. dazu die Überschrift der Spalten 3, 4 und 6 des Formulars im Anhang S. 113.

[2]) § 30 zu a nebst dort angezogenen § 18a, vgl. S. 34 mit Anm. 4, 5 u. S. 35 Anm. 6, vgl. auch das Beispiel bei Krobitzsch, a. a. O., S. 281 sowie die in der Allg. Vf. v. 1. Juli 97 — I. 1000 — angeführten Beispiele: „Diebstahl an barem Gelde im Betrage von etwa 5 Mark aus unverschlossenem Schrank, § 242 StGB.“, „Sachbeschädigung durch vorsätzliches Zerschlagen eines Porzellankruges, § 303 StGB.“, „vorsätzliche Körperverletzungen durch mehrere Schläge mit einem daumenstarken Stock, Verletzungen geringfügig, § 223a StGB.“ In der hier gedachten Allg. Vf. heißt es: die Straftat ist möglichst kurz unter Vermeidung von technischen Ausdrücken, jedoch unter Hervorhebung des für die Begnadigungsfrage unbedingt Notwendigen zu bezeichnen.

[3]) Wegen Spalte 6 vgl. Nr. 1, I Erl. d. JM. v. 20. Mai 99 — I. 2039 —.

[4]) Betrifft die hier anzugebende frühere Entscheidung d. JM. aus Spalte 9 des Verzeichnisses A, vgl. oben S. 41 unten Nr. 2.

[5]) § 30 zu b nebst dort angezogenen § 18b, vgl. hierzu S. 38 mit Anm. 1 vbd. mit Vf. d. JM. v. 8. Juni 04 — I. 3719 — in den Generalakten, ferner S. 38 Anm. 2 u. 3 sowie S. 35 bis 37 mit Anm. 3, 4. Der im Hinblick auf § 18b dritter Absatz Satz 2 zu machende Vermerk kann hier z. B. so lauten: „Für die Unterbrechung der Verjährung vor dem .... ist Sorge getragen am ....“

[6]) § 30 zu c Satz 1 mit Beispiel für die Eintragung: „Führung während der ganzen Strafaussetzung sehr gut; fleißig, willig, nüchtern und ehrlich. Zeugnis der

d) In Spalte 9 [1])

„a) Angabe über eine wegen Verbrechens oder Vergehens etwa früher bereits verbüßte Freiheitsstrafe,[2])

„b) Antrag auf Begnadigung und seine Begründung“ [3])

Dienstherrschaft und der Ortspolizeibehörde“ (vgl. Allg. Vf. v. 1. Juli 97 — I. 1000 —). Ein anderes Beispiel: „Die Führung seit der Verurteilung war einwandfrei. Der Verurteilte, der mit einer ordentlichen und rechtschaffenen Frau verheiratet ist, lebt in durchaus geregelten Verhältnissen. Er ist ein williger, fleißiger, gewissenhafter, ehrlicher und nüchterner Arbeiter, der schon seit . . . Jahren auf der . . . Grube beschäftigt ist, seine Schichten regelmäßig verfährt und in seinem Beruf die besten Zeugnisse für sich hat. Auch außerhalb des Hauses und der Berufsstellung ist Nachteiliges über das Verhalten des Verurteilten während der Probezeit nicht bekannt geworden (Auskunft der Grubenverwaltung zu . . . und des Amtsvorstandes in . . .).“ — Der Angabe der Namen der Arbeitgeber und sonstigen Auskunftspersonen bedarf es nicht (§ 30 zu c Satz 2), doch ist die Auskunftsstelle stets ausdrücklich anzugeben, vgl. Vf. d. JM. v. 23. April 04 — IV. 6520 —), vgl. noch das Beispiel bei Krobitzsch, a. a. O., S. 281. — Den Inhalt bildet eine knappe, aber vollkommene Darstellung des Inhalts der über die Führung während der Bewährungsfrist angestellten Erkundigungen, vgl. hierzu oben B § 1 u. § 2 unter b, S. 52 bis 56.

[1]) Vgl. 1, III Erl. d. JM. v. 20. Mai 99 — I. 2039 —.

[2]) Die (negative) Eintragung lautet beispielsweise: „Verurteilter hat wegen Verbrechens oder Vergehens Freiheitsstrafe bisher nicht verbüßt.“ Es gilt auch hier das S. 38 in Anm. 5 Gesagte. Hat der Verurteilte während der Bewährungsfrist eine geringfügige Verfehlung in dem oben S. 52 angegebenen Sinne begangen, so kann die Eintragung in die Spalte 9 zu b (s. den oben flgd. Text) z. B. lauten: „Es wird völliger Straferlaß beantragt. Verurteilter ist sittlich unverdorben, hat nur in drückender Not den Fehltritt begangen und diesen ernstlich bereut, auch unter eigenen Entbehrungen den angerichteten Schaden wieder gut gemacht. Allerdings ist Verurteilter während der Strafaussetzung durch Strafbefehl des Königlichen Amtsgerichts in . . . vom . . . mit 3 Mark Geldstrafe, hilfsweise einem Tage Haft bestraft, weil er es unterlassen hat, sich zur Rekrutierungsstammrolle anzumelden; er hat die Geldstrafe bezahlt. Diese Übertretung ist aber an sich und insbesondere nach der Belegenheit des Falls eine derart geringfügige, daß sie bei Beurteilung des ermittelten zufriedenstellenden Gesamtverhaltens des Verurteilten als von ganz untergeordneter Bedeutung nicht weiter in Betracht zu ziehen war. Verurteilter erscheint vielmehr nachhaltig gebessert und des beantragten Gnadenerweises somit würdig.“

[3]) Nach Art. 49 Abs. 1 Preuß. Verf.-Urk. hat der König das Recht der Begnadigung und Strafmilderung. Wie bereits erwähnt (vgl. S. 11 Anm. 1), ist Begnadigung die Beseitigung der Straffolgen durch Verfügung der Staatsgewalt, nicht Beseitigung der strafbaren Handlung (wichtig für den Rückfall, vgl. §§ 244, 245, 250 [5], 261, 264 StGB. und beiläufig im Falle des § 1680 BGB.: Verwirkung der elterlichen Gewalt, vgl. auch S. 50 Anm. 3). Das Begnadigungsrecht kann vom König anderen Organen delegiert werden (vgl. S. 14 Anm. 2 u. 3, S. 65

Anm. 2, vgl. auch S. 83 Anm. 3). Durch den All. Erl. v. 23. Okt. 95 ist nun zwar dem Justizminister die Anordnung der Strafaussetzung übertragen (vgl. S. 11/12 unter Nr. 1 u. Loewe, Kommentar, 12. Auflage, bearb. v. Hellweg, Berlin, J. Guttentag, 1909, S. 947, Bem. 4 zu § 488 StPO.). Hingegen verbleibt die Ausübung des Gnadenrechts in der Hand des Königs: er also prüft, ob die Bedingungen erfüllt sind, unter welchen der Erlaß oder die Milderung der Strafe verheißen ist, und er entscheidet, ob und wie weit eine Begnadigung erfolgen soll. Betrifft deren Inhalt eine Strafmilderung, so kann es sich einmal um eine Änderung der Strafart handeln. Da aber nach dem S. 15 Anm. 1 Gesagten als Strafen in der Regel Gefängnis, Festungshaft und Haft in Frage kommen, so würde als Strafmilderung eine Umwandlung in Geldstrafe (vgl. Hansen i. Recht 10, 498) oder bei Personen unter 18 Jahren in einen (jedoch nur einmal zu erteilenden) Verweis anzusehen sein. Es kann sich aber auch bei der Milderung der Strafe um eine Verkürzung der Strafzeit handeln. Betrifft weiter der Inhalt der Begnadigung den Erlaß der Strafe, so fragt sich, ob und ev. wieweit erstreckt sich die Begnadigung, wenn neben der Freiheitsstrafe als weitere Hauptstrafe noch auf eine Geldstrafe (a), oder auf eine Nebenstrafe (b) oder auf eine Geldbuße (c) erkannt ist.

a) Die Geldstrafe unterliegt der Strafvollstreckung. Im Falle der Unbeitreiblichkeit untersteht aber die substituierte Freiheitsstrafe der bed. Begnadigung. Denn, wie S. 15 gezeigt, beschränkt sich zwar die Vergünstigung auf Freiheitsstrafen, jedoch mit Einschluß derjenigen, welche an die Stelle einer nicht beizutreibenden Geldstrafe treten. Zweckmäßig wird der Ausgang des Beitreibungsverfahrens abzuwarten sein, um dann wegen der primären Freiheitsstrafe, die sich gegebenenfalls um die substituierte Freiheitsstrafe erhöht, in Gemäßheit des All. Erl. zu verfahren.

b) Daß auch den Nebenstrafen aus §§ 32, 35 StGB., welche mit Rücksicht auf die Anwendbarkeit des Erlasses auf Erwachsene in Frage kommen können (vgl. § 57 Ziff. 5 StGB.), ferner der „Einziehung", z. B. in den Fällen der §§ 292, 295 StGB. und der Nebenstrafe der „öffentlichen Bekanntmachung des Urteils" (vgl. z. B. §§ 165, 200 StGB.) die Begnadigung verheißen, wird schon durch den Wortlaut des Erlasses verneint. Übrigens wird ein Gericht, wenn es insbesondere die bürgerlichen Ehrenrechte aberkennt, kaum Anlaß haben, die Aussetzung der erkannten Freiheitsstrafe zu befürworten. — Wegen der Begnadigung von dem Verlust der bürgerlichen Ehrenrechte, der sog. Wiedereinsetzung, s. Marck u. Kloß, a. a. O., § 160, S. 553/554 u. vgl. § 50 d. Vorentw. sowie § 110 d. Gegenentw. nebst Begr. S. 173 bis 176 bez. S. 155 u. 156.

c) Eine Geldbuße endlich hat auf die in Aussicht gestellte Begnadigung keinen Einfluß. Denn sie ist kein Teil der Strafe, sondern ein Ersatz für Beschädigung und beseitigt jede Entschädigungsforderung (vgl. RGSt. 15, 352 u. Meves, a. a. O., S. 20 unter Nr. 2 bis S. 22). Aus ähnlichem Grunde gilt beiläufig dasselbe vom Wertsersatz gemäß § 9 FDG. (vgl. Müller, a. a. O., Bd. II, S. 1728, Zus. c zu Nr. 23).

Hat der Verurteilte trotz Begnadigung die Kosten des Verfahrens zu tragen? Die Frage ist zu bejahen. Denn die Begnadigung wirkt nur Erlaß der Straffolgen, hebt aber das außerdem über die Verpflichtung zur Tragung der Kosten bestimmende Urteil (vgl. § 496 StPO.) nicht auf. Dieser Teil der bestehen bleibenden Entscheidung ist also vollstreckbar. Natürlich kommen die im § 497 a. a. O. vorgesehenen Strafvollstreckungskosten in Wegfall, da solche nicht entstanden sind (vgl. auch Davidsohn, Das Begnadigungsrecht, Erlanger Diss. 1903).

ist der Antrag auf einen bestimmten Gnadenerweis zu richten,[1]) und zwar regelmäßig auf den völligen Erlaß der Strafe.[2]) Die Begründung muß erkennen lassen, inwiefern der Verurteilte innerhalb der ihm bewilligten Frist die in ihn gesetzten Erwartungen erfüllt hat.[3]) Kommen ausnahmsweise Fälle vor, in denen der Erlaß nur eines Teiles der Strafe, die Umwandelung in eine Geldstrafe, die Hinzufügung einer Bedingung oder eine weitere Strafaussetzung[4]) angezeigt erscheint,[5]) so ist eine solche Einschränkung des Antrages stets besonders zu begründen.[6]) [7]) [8])

---

[1]) § 30 zu d Satz 1, vgl. Nr. 6 d. Erl. d. JM. v. 16. Juli 98 — I. 4390 —.

[2]) § 28 Abs. 1 Satz 1.

[3]) § 30 zu d Satz 2, vgl. Nr. 6 des hier in Anm. 1 angegebenen Erl. d. JM.

[4]) vgl. S. 56 unter c Ziff. 2 u. S. 57 Anm. 1. [5]) § 28 Abs. 1 Satz 2.

[6]) § 28 Abs. 1 Satz 3, vgl. Erl. d. JM. v. 1. Juli 97 — I. 1000 — u. Nr. 6 d. Erl. d. JM. v. 16. Juli 98 — I. 4390 —. Bei der Begründung des Gnadenantrages ist nicht nur die Führung des Verurteilten während der Bewährungsfrist, sondern auch die Art der Straftat und die Persönlichkeit des Verurteilten zu berücksichtigen. In ersterer Beziehung ist hervorzuheben, inwiefern der Verurteilte während der Probezeit die in ihn gesetzten Erwartungen erfüllt hat. Die Eintragung kann z. B. lauten: „Geringfügigkeit der Straftat, jugendliches Alter, gute Führung vor und nach der Tat, Arbeitsamkeit und Nüchternheit in strengem Dienste", oder „Jugendlicher Leichtsinn, bewiesene Reue und sehr gute Führung während der ganzen Strafaussetzung, freiwilliger erfolgter Ersatz des Entwendeten aus dem Arbeitsverdienst des Verurteilten", oder „Verurteilter hat im Jähzorn und in Angetrunkenheit gehandelt, war sonst unbescholten, hat sich während der Probezeit sehr gut geführt und genießt keine geistigen Getränke mehr. Er hat die Verzeihung des Verletzten erlangt", oder „Es wird völliger Erlaß der Strafe beantragt. Verurteilter ist in sittlicher Beziehung im allgemeinen noch unverdorben. Seine Person gewährleistet die Hoffnung auf künftiges Wohlverhalten in hinreichendem Grade. Die nicht durch verbrecherische Neigung und vielmehr durch Unbesonnenheit veranlaßte Tat ist eine solche, an deren Ahndung nach der konkreten Lage der Sache das öffentliche Interesse nur in unbedeutendem Maße beteiligt erscheint. Der Grad der Schuld des Verurteilten ist so gering, daß er das gänzliche Unterbleiben des Strafvollzuges zu rechtfertigen vermag. Die vorzügliche Führung des Verurteilten während der Probezeit bietet ausreichende Sicherheit dafür, daß er weitere Fehltritte nicht begehen wird. Seine Tat hat der Verurteilte ernstlich bereut, er hat Besserung gelobt, und dieses Versprechen bisher voll und ganz gehalten." Vgl. auch das Beispiel bei Krobitzsch, a. a. O., S. 281.

[7]) War dem Verurteilten in einer anderen Strafsache bedingte Strafaussetzung bewilligt, so ist anzugeben, ob und in welchem Verzeichnisse B in der anderen Sache ein Gnadenerweis beantragt worden ist (§ 31 Satz 1).

II. Berichtsverfahren.

1.[1]) Die Amtsgerichte senden das ausgefüllte Verzeichnis B am Schlusse eines jeden Kalendervierteljahres dem Ersten Staatsanwalt bei dem Landgericht ein;[2]) das Verzeichnis B der Staatsanwaltschaft und die Verzeichnisse der Amtsgerichte werden abschriftlich in ein Gesamtverzeichnis übertragen.[3]) Die Eintragungen sind in der Reihenfolge vorzunehmen, daß zuerst die Staatsanwaltschaft des Landgerichts und demnächst in alphabetischer Ordnung die Amtsgerichte aufgeführt werden.[4]) Das Gesamtverzeichnis wird von dem Ersten Staatsanwalt bis zum 25. Tage des ersten Monats des folgenden Kalendervierteljahres dem Justizminister eingereicht.[5]) [6]) Es enthält diejenigen

---

Die Eintragung kann z. B. lauten: „In der Strafsache (Aktenzeichen) ist völliger Erlaß der Strafe beantragt zu Nr. . . . . des Verzeichnisses B für (Kalendervierteljahr).“ — Sind mehrere Strafvollstreckungsbehörden beteiligt, so hat sich diejenige Behörde, welche einen Gnadenerweis beantragen will, mit den anderen in Verbindung zu setzen. Wird eine gleichmäßige Behandlung derjenigen Sachen, in welchen derselben Person die bedingte Strafaussetzung bewilligt war, nicht beabsichtigt, so sind dem Antrag auf einen Gnadenerweis die sämtlichen in Betracht kommenden Strafakten beizufügen (§ 31 Sätze 2 und 3).

[8]) Wegen Erwähnung nicht verbüßter Vorstrafen oder der Vorstrafe des Verweises bei Begründung des Antrages und über letztere in zweifelhaften Fällen sowie im Falle der Verletzung der Pflicht zur Anzeige des Wohnungswechsels vgl. S. 38 Anm. 5, S. 58 unter Nr. 3 nebst Anm. 1, 2 bez. Anm. 4 dort.

[1]) vgl. Erl. d. JM. v. 1. Juli 97 — I. 1000 —.

[2]) Es gilt auch hier das S. 40 Anm. 7 bis 9 Gesagte.

[3]) § 32 Satz 1.

[4]) § 32 Satz 2. Will der Erste Staatsanwalt von dem Antrage des Amtsgerichts abweichen, so ist dies in einer besonderen Anlage unter Beifügung der Akten zu begründen (§ 32 Satz 4), vgl. S. 40 Anm. 10.

[5]) § 32 Satz 5 erste Hälfte. Die zu den betreffenden Fällen gehörigen Gnadengesuche sind unter besonderem Umschlag beizufügen (§ 32 Satz 3); im übrigen gilt auch hier das S. 41 Anm. 1 Gesagte, vgl. § 39.

[6]) Sollte nach Abgang des Berichts und vor Erledigung der Sache durch Begnadigung oder Ablehnung derselben ein Ereignis eintreten, welches auf die Entschließung sei es des Ministers oder Seiner Majestät des Kaisers und Königs von Einfluß sein könnte, z. B. der Verurteilte hat sich nach Ablauf der Probezeit, während welcher seine Führung gut gewesen, einer anderen strafbaren Handlung schuldig gemacht, bevor noch seine Begnadigung ausgesprochen war, so ist dies durch einen Nachtragsbericht dem Minister anzuzeigen, vgl. hierzu die bei Ebert, a. a. O., S. 623/624 abgedr. Vf. d. OLGPräs. Breslau v. 27. März 09 — 8. Gen. VIII.

Fälle, in denen die Strafaussetzung im vorhergehenden Vierteljahr abgelaufen ist,[1]) soweit sie genügend vorbereitet sind.[2])

2. Der Justizminister unterbreitet auf Grund des Verzeichnisses B seinen Antrag[3]) Seiner Majestät dem Kaiser und König, und sendet das Verzeichnis nach der Allerhöchsten Entscheidung mit seinen Allerhöchst genehmigten Anträgen an den Ersten Staatsanwalt urschriftlich zurück.[4]) Ist ein Gnadenerweis gewährt, so erfolgt die Benach-

---

75./4629 — u. Meves, a. a. O., S. 19. — Ist z. B. der Fall in das Verzeichnis B bereits eingestellt, dieses aber noch nicht in Abgang gebracht, so könnte unter der hier gedachten Voraussetzung in Spalte 9 hinter den Eintragungen zu a u. b aufgenommen werden folgender „Nachtragsbericht": Gegen den Verurteilten ist bei dem Herrn Amtsanwalt in Beuthen O./S. (Pr. L. Nr. 6116/11) ein Ermittelungsverfahren anhängig, weil er am . . . in Gemeinschaft mit einem anderen Beschuldigten Futtererbsen von einem Felde entwendete und bei Feststellung seiner Person einem zuständigen Beamten gegenüber eines ihm nicht zukommenden Namens sich bediente. Er hat diese Fehltritte bei seiner gerichtlichen Vernehmung in vollem Umfange zugestanden.

[1]) Nach dem Erl. d. JM. v. 21. Aug. 97 — I. 4018 — war, wenn die Bewährungsfrist mit dem ersten Tage eines Kalenderquartals ablief, der Fall so zu behandeln, als endigte sie mit dem vorhergehenden letzten Tage. Jetzt vgl. unter α, Verz. A. Sp. 7, S. 35/37 u. Anm. 5 dort.

[2]) Fälle, in denen das Begnadigungsrecht durch die All. Erl. v. 19. Dez. 66 und v. 16. Febr. 67 (JMBl. für 1867 S. 6 und 67) dem Justizminister delegiert ist (Erlaß von Geldstrafen bis zum Betrage von dreißig Mark in den 1866 mit der Monarchie vereinigten Landesteilen), sind in die zur Vorlegung an Allerhöchster Stelle bestimmten Verzeichnisse B (vgl. im Text oben zu 2) nicht aufzunehmen, sondern zu einem besonderen Verzeichnisse B vereinigt einzureichen (§ 29), vgl. Nr. 9 d. Erl. d. JM. v. 16. Juli 98 — I. 4390 — (vgl. noch über die Begnadigung in den neueren Provinzen Marck u. Kloß, a. a. O., § 162, S. 555 ff.). — Dem Justizminister ist auch übertragen die Ausübung des Begnadigungsrechts in Ansehung mutwilliger Querulanten: die gegen solche festgesetzten Strafen (§§ 30 u. 31 III, 1 AGO.) können von ihm gemildert und nach Bewandtnis der Umstände erlassen werden (Allerh. Kab.Ordre v. 6. Sept. 15 u. 16. Aug. 34, GS. 1815 S. 198 u. Jahrb. Bd. 44, S. 102). Das Fortbestehen dieser Befugnis ist indes bestritten, weil jetzt die Bestrafung der Querulanten nur im Wege des Anklageprozesses, nicht mehr durch einfache Dekrete der Gerichte erfolgen kann (vgl. Müller, a. a. O., Bd. II, S. 1728/1729, Zus. a zu Nr. 24 u. Delius, Die gerichtliche Praxis in Strafsachen, Berlin, Verlag von O. Häring, 1900, § 88, I, a, S. 405 u. dortige Anm. 1). Ein Eingehen auf diese Streitfrage erübrigt hier.

[3]) für welchen die Spalte 10 des Verzeichnisses B bestimmt ist, s. im Anhang das Formular S. 113.

[4]) § 32 Satz 5 zweite Hälfte.

richtigung der Beteiligten nach den bisherigen auf Gnadengesuche bezüglichen Vorschriften,[1]) d. h.

[1]) § 32 Satz 8, vgl. Marck u. Kloß, a. a. O., § 161, S. 554. — Die materielle Behandlung auch von allgemeinen Gnadengesuchen mit Rücksicht auf das Institut der bedingten Begnadigung ist schon oben (S. 25 Anm. 2) besprochen.

1. Erweisen sich solche Gnadengesuche bei der Prüfung aus dem Gesichtspunkt der hier in Rede stehenden Strafaussetzung (vgl. § 38 Abs. 2 Satz 1) hierzu als nicht geeignet, so erfolgt die ablehnende Bescheidung nach den bisherigen Bestimmungen (§ 38 Abs. 2 Satz 2), vgl. Marck u. Kloß, a. a. O., § 154, S. 537 ff.

2. Werden sie dagegen für geeignet befunden, und erfolgt demgemäß die Eintragung des Falles in das Verzeichnis, oder findet sich, daß der Fall in das Verzeichnis bereits eingetragen ist, so ist folgendes in formeller Hinsicht zu beobachten (§ 38 Abs. 2 Satz 3):

a) Bei der Staatsanwaltschaft eingereichte Gnadengesuche sind in der Regel dem Gesuchsteller unter Hinweis auf die erfolgte Aufnahme des Falles in das Verz. A mit dem Eröffnen zurückzugeben, daß von Weitergabe des Gesuchs abgesehen worden sei, dem Bittsteller jedoch die unmittelbare Einreichung bei des Kaisers und Königs Majestät unbenommen bleibe. Lassen besondere Umstände es angezeigt erscheinen, derartige Gesuche sogleich zur Kenntnis des Geheimen Zivilkabinetts Seiner Majestät zu bringen, so hat die Einreichung mittels Umschlags zu erfolgen, auf diesen ist jedoch ein die erfolgte Eintragung in das Verz. kundgebender Vermerk zu setzen, wie „Eingetragen in das Verzeichnis A für Juli 19 . . Nr. 5".

b) Gnadengesuche, die bei des Kaisers und Königs Majestät unmittelbar eingereicht waren und durch Vermittlung des Justizministers an die Staatsanwaltschaft gelangen, sind, sofern sich nicht etwa eine Veranlassung zu einem sofortigen Gnadenantrage ergibt, dahin zu bescheiden, daß dem Verurteilten eine Strafaussetzung in Gemäßheit dieser Verfügung (d. i. d. RdVf. v. 12. April 06) bewilligt worden sei, und daß keine Veranlassung vorliege, zur Zeit einen weitergehenden Gnadenerweis zu befürworten.

c) Über solche Gnadengesuche (zu a und b) ist in der Regel nur zu berichten, wenn von dem Justizminister Bericht erfordert ist. Der Fall scheidet dann aus der Listenbehandlung*) aus und wird einer besonderen Erledigung vorbehalten. Abgesehen von den bezeichneten Fällen findet eine Berichterstattung von Amts wegen nur statt, wenn besondere Umstände die sofortige Begnadigung (vgl. unter b hier) angezeigt erscheinen lassen (§ 38 Abs. 3 bis 5).

Mit vorstehenden Maßgaben verbleibt es hinsichtlich der Behandlung der Begnadigungsgesuche bei den bestehenden Bestimmungen (§ 38 Abs. 1).

Wegen der Beifügung der Gnadengesuche bei Einreichung der Verzeichnisse A und B vgl. S. 41 Anm. 1 und S. 64 Anm. 5, vgl. § 39.

*) Die Gnadenverzeichnisse A und B werden technisch auch Listen genannt. Für das an dieser Stelle nicht in Betracht kommende Formular „C" (s. S. 90) besteht jedoch der Name „Liste" nicht; das Gegenteil scheint freilich Leske a. a. O. anzunehmen (vgl. hierzu S. 90 Anm. 5 Satz 2).

stets, auch in amts- und schöffengerichtlichen Sachen, durch den Ersten Staatsanwalt. Die Originalverzeichnisse der Amtsgerichte werden diesen unter Benachrichtigung von der Allerhöchsten Entscheidung übermittelt.[1] [2]) Von den auf das Verzeichnis B ergangenen Allerhöchsten Entscheidungen ist ein kurzer Vermerk zu den einzelnen Akten zu nehmen.[3]) — Die Strafvollstreckungsbehörden haben alsdann das Erforderliche zu veranlassen.[4])

§ 4. Maßnahmen nach erfolgter Begnadigung.

Weitere Mitteilungen von der Begnadigung an bestimmte Personen oder Behörden sind in dem Runderlaß vom 12. April 1906 nicht ausdrücklich vorgeschrieben. Der Erlaß spricht nur von einer Benachrichtigung der „Beteiligten" (s. S. 65/66). Unter letzteren sind aber wohl regelmäßig die von der Bewilligung der Strafaussetzung Benachrichtigten [5]) zu verstehen. Diese sind daher auch von der Begnadigung in Kenntnis zu setzen.[6]) [7]) [8]) [9]) [10]) [11])

[1]) § 32 Satz 5 zweite Hälfte.

[2]) Diese Benachrichtigung kann durch Eintragung der Entscheidung in die letzte, nicht numerierte Spalte des amtsgerichtlichen Originalverzeichnisses geschehen, s. das Formular im Anhang S. 113 u. vgl. hierzu das S. 64 unter Nr. 1 Gesagte, wonach die Verzeichnisse der Amtsgerichte nicht urschriftlich weitergereicht werden.

[3]) § 32 Satz 7. Das Originalverzeichnis (vgl. hier Anm. 2) geht dann zu den Generalakten, s. S. 70 Anm. 4 zu b.

[4]) § 32 Satz 6, und zwar von den einzelnen Strafakten aus, s. S. 70 Anm. 4 zu c.

[5]) vgl. § 4, I, S. 41 bis 48.

[6]) Zunächst erhalten also Nachricht der Verurteilte u. ev. dessen Vater, Mutter oder Vormund.

[7]) Zudem sind unbedenklich analog anwendbar die Bestimmungen in Art. I Nr. 4 Abs. 2, Nr. 29 u. bez. Nr. 30 d. Allg. Vf. v. 29. April 07 (JMBl. S. 359), wonach allgemein vorgeschrieben ist die Mitteilung an die Ortspolizeibehörde von einer erfolgten Begnadigung seitens der Beamten der Staatsanwaltschaft bez. — in Privatklagesachen — des Amtsgerichts.

[8]) Bei Militärpflichtigen bez. Personen des Beurlaubtenstandes oder Offizieren a. D. ist überdies für die Staatsanwaltschaft — in Privatklagesachen auch für das Amtsgericht — die Mitteilung von der Vollstreckung oder dem Erlaß der erkannten Strafe an den Zivilvorsitzenden der Ersatzkommission bez. — abgesehen von Privatklagesachen (vgl. aber S. 46 Anm. 1 wegen der Offiziere des Beurlaubtenstandes) — an das Landwehr-Bezirkskommando allgemein

vorgeschrieben, s. unter A. Nr. 10 Abs. 1, 11 Abs. 1 u. 30 d. Allg. Vf. v. 29. April 07, JMBl. S. 359, vgl. die entsprechenden früher in Geltung befindlichen Vorschriften: Nr. 7 Abs. 1 d. Allg. Vf. v. 12. Juli 81 (JMBl. S. 159), Nr. 8 Abs. 1 d. Allg. Vf. v. 25. Aug. 79 (JMBl. S. 251) u. Allg. Vf. v. 21. Febr. 85 (JMBl. S. 55), vgl. ferner §§ 106 Nr. 8, 108 Nr. 5, 111 Nr. 19 WO. Aus diesen allgemeinen Vorschriften wird man folgern dürfen, daß in Ansehung der gedachten Personen auch von der Tatsache der erfolgten Begnadigung seitens der bezeichneten Vollstreckungsbehörden den angegebenen Stellen Mitteilung zu machen ist.

[9]) Ebenso ergibt sich die Verpflichtung der Strafvollstreckungsbehörde zur Benachrichtigung der Registerbehörde von der Erledigung des Geldzettels durch die erfolgte Begnadigung bereits aus den oben S. 43 Anm. 4 angezogenen Vorschriften. Durch die RdVf. v. 5. Febr. 07 — I. 8145 — JMBl. S. 24 (vgl. Art. I Nr. 32 d. Allg. Vf. v. 29. April 07, JMBl. S. 359) ist in Ergänzung der für die Führung des Strafregisters geltenden Vorschriften folgendes bestimmt:

I. Die Strafvollstreckungsbehörden haben von jedem Gnadenerweise, der eine im Strafregister zu vermerkende Verurteilung betrifft, der zuständigen Registerbehörde unverzüglich Mitteilung zu machen. Es macht hierbei keinen Unterschied, ob der Gnadenerweis in völligem oder teilweisem Straferlaß, bedingungsloser oder bedingter Strafumwandlung, Anordnung der Löschung des Strafvermerkes in den polizeilichen Listen, Wiederverleihung der bürgerlichen Ehrenrechte oder der Fähigkeit zur Bekleidung der öffentlichen Ämter besteht. Zu dieser Mitteilung ist ein Formular „F" — St. A. 53 (s. im Anhang S. 114) — von grüner Farbe zu benutzen, sog. „Grünzettel". Für Größe und Format des letzteren ist das für Strafnachrichten bestimmte Formular A maßgebend (vgl. S. 43 Anm. 3 und s. S. 93 Anm. 6).

II. Der Registerführer (ein Sekretär der StA., vgl. Ziff. 7 der S. 43 Anm. 2 angezogenen Ausführungsverfügung) hat den Gnadenerweis alsbald nach Eingang der Nachricht F in der Strafnachricht A oder in der „Strafliste" (s. S. 92 Anm. 2) unmittelbar unter der Eintragung der von dem Gnadenerlasse betroffenen Strafe — mit roter Tinte oder unter Benutzung eines Stempels — dergestalt zu vermerken, daß dieser Vermerk bei einer späteren Auskunftserteilung nicht übersehen werden kann. — Bei jeder Auskunft aus dem Strafregister ist zugleich mit der Verurteilung auch der Vermerk über die erfolgte Begnadigung mitzuteilen. — Die Nachricht F ist nach der Übertragung des Vermerkes aus dem Register zu entfernen. — Die Bestimmungen im § 23 d. RdVf. v. 12. April 06 über die Aufbewahrung der Nachrichten über Strafaussetzung (Formular E) werden durch letztere Anordnung nicht berührt (vgl. S. 43 Anm. 4).

Hier sei noch bemerkt, daß Gesuchen um gnadenweise Löschung einer im Strafregister verzeichneten Strafe nicht entsprochen zu werden pflegt, da das landesherrliche Begnadigungsrecht Anstand nimmt, in die Handhabung des Strafregisters, als einer Reichseinrichtung, einzugreifen (I. 5917—07), abgedr. bei Müller, a. a. O., Bd. II, S. 1016, als Zus. zu Ziff. 19 d. Ausf. Vf. v. 7. Sept. 96, JMBl. S. 294. Wegen Löschung der Bestrafung im Strafregister vgl. jedoch §§ 51, 52 des Vorentw. und die Begr. dazu S. 176 bis S. 179, vgl. auch Delaquis, Die Rehabilitation im Strafrecht (J. Guttentag), Berlin, 1907, S. 192 ff., Oetker im GerS. 70, S. 367 u. 368 und

Aschrott in dem S. 95 Anm. 9 zit. Buche S. 160 ff. sowie §§ 111, 112 des Gegenentw. nebst Begr., I. Buch, Allg. Teil, S. 156 bis 160 [s. auch in Anm. 9 S. 95]. Vgl. noch den Entwurf der StPO. (Fassung der Reichstagskommission) §§ 55a, 231 Abs. 4.

[10]) Vgl. zur vorhergehenden Anm. den durch die Allg. Vf. d. JM. v. 3. Juli 11 — I. 5038 (JMBl. S. 305) — zur Kenntnis gebrachten — im Armee-Verordnungsblatte S. 172 veröffentlichten — Erlaß des Herrn Kriegsministers v. 18. Mai 11 — Nr. 682/4. 11. C. 3 —.

„In Ergänzung der Ausführungsbestimmungen v. 31. Juli 1882 (AVBl. S. 166), betreffend Mitteilungen an die Strafregisterbehörden, wird folgendes bestimmt:

1. Die zur Mitteilung an die Registerbehörden verpflichteten militärischen Stellen haben von jedem Gnadenerweise, der eine im Strafregister zu vermerkende Verurteilung betrifft, die zuständige Registerbehörde zu benachrichtigen. — Ist der mit dem Gnadenerweise Bedachte bereits aus allen militärischen Verhältnissen ausgeschieden, so erfolgt die Mitteilung durch das Militärgericht erster Instanz, vorbehaltlich der Bestimmung in § 6 Abs. 5 der Verordnung des Bundesrats, betreffend die Einrichtung von Strafregistern usw. vom 16. Juni 1882 (AVBl. S. 137). — Es macht hierbei keinen Unterschied, ob der Gnadenerweis in völligem oder teilweisem Straferlaß, Strafumwandlung, Aufhebung einer Neben- oder Ehrenstrafe oder Anordnung der Löschung des Strafvermerkes in den polizeilichen Listen besteht.
2. Die Mitteilung ist mit der Strafnachricht (§ 6 Abs. 1 und 2 der angezogenen Verordnung) zu verbinden. Ist der Gnadenerweis aber erst später erfolgt, so hat die Mitteilung alsbald stattzufinden.
3. Zu dieser Mitteilung ist das vom Preußischen Herrn Justizminister durch Erlaß vom 5. Februar 1907 — JMBl. S. 25 — vorgesehene Formular F (Papier von grüner Farbe) zu benutzen, ... — Für Größe und Format ist das für Strafnachrichten bestimmte Formular A (AVBl. 1896 S. 253) maßgebend. — Betrifft der Gnadenerweis militärische Ehrenstrafen, so ist dies in dem Formular handschriftlich an der Stelle zu vermerken, an der die Nebenstrafen vorgedruckt sind."

Vgl. weiter den durch d. Allg. Vf. d. JM. v. 1. Nov. 11 — I. 5737 (JMBl. S. 409), betr. die Vermerkg. v. Gnadenerweisen i. Strafregister, z. Kenntnis gebr. — i. MVBl. S. 290 veröffentl. — Erl. d. Staatssekr. d. R.-Marineamts v. 30. Sept. 11 u. die durch d. Allg. Vf. d. JM. v. 18. Sept. 11 — I. 5491 (JMBl. S. 369) — z. Kenntnis gebr. Verord. d. Reichskanzl. v. 26. Aug. 11 üb. d. Benachrichtig. d. Strafregisterbehörden v. jed. Gnadenerweise, welcher eine i. Strafregister zu verm., bei den Schutztruppengerichten erfolgte Verurteilung betr. (vgl. dazu Krobitzsch, a. a. O., S. 54, 393 ferner Marck u. Kloß, a. a. O., S. 58, 78, 80 sowie d. Beiheft z. WO.). — S. auch S. 92 Anm. 2.

[11]) Vgl. noch die Allg. Vf. d. JM. v. 6. Sept. 00 (JMBl. S. 569) u. die durch d. Allg. Vf. v. 7. Nov. 10 (JMBl. S. 391) zu A 1 bez. A 3 abgeänderten Sätze 1 § 7 Abs. 14 bez. 1 § 7 Abs. 11 der Gesch.O. f. d. Gerichtsschreibereien der AG. v. 11. Okt. 06 (JMBl. S. 304) bez. f. d. Sekretariate der StA. b. d. LG. v. 12. Nov. 06 (JMBl. S. 485). Darnach werden, falls nicht aus besonderem Grunde eine anderweitige Anordnung ergeht (§ 20), in der Regel gemäß §§ 5, 6 u. 7 die dort näher bezeich-

C. Gemeinschaftliche Vorschriften.[1])

Wird aus irgend einem Grunde ein besonderer Bericht über einen im Verzeichnis A oder B gestellten Antrag erfordert, so hat diesen, auch wenn das Amtsgericht Strafvollstreckungsbehörde ist, der Erste Staatsanwalt zu erstatten.[2]) Ein solcher Bericht hat sich nicht auf eine Stellungnahme zu dem Antrage zu beschränken, sondern die Sache aus allen in Betracht kommenden Gesichtspunkten einer Beurteilung zu unterziehen.[3]) [4]) [5]) [6])

---

neten Strafakten betr. Verbrechen, Vergehen und Übertretungen nach 30, 10 oder 5 Jahren und gemäß § 21 vbd. mit § 15 Generalakten — wie z. B. die hier S. 27 Anm. 9 sowie S. 70 Anm. 4 zu b angegebenen — nach 30 Jahren vernichtet, wobei das Jahr der Vernichtung der vorbehaltlich anderer Verfügung regelmäßig mit dem Tage der Weglegung beginnenden Frist (§ 22) vom Gerichtsschreiber (Sekretär) oder Richter oder Staatsanwalt nach Maßgabe des § 23 i. d. Fassg. d. Allg. Vf. v. 26. Dez. 11 — I. 8702 — (JMBl. S. 455) bestimmt wird. — Wegen des Vermerkes über Weglegung, Aufbewahrung und Ausschließung einzelner Blätter von der Vernichtung auf dem Aktendeckel vgl. § 7 Abs. 15 bez. § 7 Abs. 12 der bezeichneten Geschäftsordnungen.

[1]) Vgl. Nr. 8 d. Erl. d. JM. v. 16. Juli 98 — I. 4390 —. [2]) § 34 Satz 1.

[3]) § 34 Satz 2. Erscheint z. B. nicht eine Strafaussetzung, dagegen eine alsbaldige Strafmilderung (vgl. Meves, a. a. O., S. 20) angezeigt, so hat der Bericht sich hierüber auszusprechen (§ 34 Satz 3), vgl. Nr. 8 d. Erl. d. JM. v. 16. Juli 98 — I. 4390 —.

[4]) Siehe noch die (bei Ebert, a. a. O., S. 620 abgedruckte) gemeinschaftliche Verfügung des OLGPräs. und OStA. Breslau v. 20. Jan. 09 — 8. Gen. VIII. 75/12 810 — betr. Unterbringung der in dem Verfahren zur Erwirkung der bedingten Strafaussetzung entstehenden Schriftstücke:

a) die durch die Prüfung der Lebensverhältnisse und der Führung der Verurteilten entstehenden Schriftstücke (§§ 12—16, 25 d. RdVf. v. 12. April 06) sind zu den einzelnen Strafakten zu nehmen und dort einzuheften;

b) die Verzeichnisse A und B [und zwar regelmäßig deren Reinschriften, vgl. S. 40 Anm. 8 u. S. 64 Anm. 2] sind je in Generalakten unterzubringen, und zwar auch dann, wenn ein Verzeichnis nur einen Fall enthält. Sind mehrere Fälle aufzunehmen, so hat dies in einem Titelbogen unter fortlaufenden Nummern zu geschehen (vgl. § 17 Abs. 1 Satz 1, s. auch S. 104 Anm. *) u. S. 113 Anm. *));

c) von den in den Verzeichnissen ergangenen Entscheidungen ist ein Vermerk zu den einzelnen Strafakten zu geben und von diesen aus das weitere zu veranlassen (vgl. S. 41 unter Nr. 2 mit Anm. 3, 4 und S. 67 unter Nr. 2 mit Anm. 3, 4). —

Die rechtzeitige Vorlegung der Verzeichnisse A u. B, des Formulars „C" (s. S. 90) und der Rückfälligenliste (s. S. 91) sowie die Übersendung und Einreichung an die zuständigen Stellen (vgl. S. 40/41 unter Nr. 1, S. 64/65 unter Nr. 1, S. 90/91 unter Nr. 1, S. 93/94 unter Nr. 2) wird im laufenden Geschäftsgange von besonderen Generalakten [betr. Strafaussetzung mit Aussicht auf Begnadigung] aus kontrolliert bez. veranlaßt. Bei diesen Akten verbleiben auch die Urschriften der Formulare „C" und der Rückfälligenlisten, während die Reinschriften an die einreichende Behörde nicht mehr zurückgelangen (vgl. S. 91 u. dortige Anm. 3 sowie S. 94 u. Anm. 5, 6 daselbst).

[5]) Vgl. auch § 19 der Gesch.O. für die Sekretariate der Staatsanwaltschaften bei den Landgerichten v. 12. Nov. 06 (JMBl. S. 485): für die Berichte in Gnadensachen, zu denen auch die in den Verzeichnissen betreffend bedingte Strafaussetzung angeordneten Sonderberichte gehören, wird ein Verzeichnis ... geführt.

[6]) Verfügungsentwürfe im Strafaussetzungsverfahren für den Regelfall, und zwar in schöffengerichtlichen Sachen:

I.

1. Als „Gnadensache" auf dem Aktendeckel kennzeichnen.

2. Äußerung des Gerichts zu den Generalakten Bl. .... [vgl. S. 27 Anm. 9].

3. Formular St.A. 66 *) an die Polizeiverwaltung in .... [vgl. S. 31].

4. Frist, auch wegen Rechtskraft.

Nach Eingang der Auskunft und nach eingetretener Rechtskraft des Urteils pp.

II.

1. N. ist in das Verzeichnis A eingetragen [vgl. S. 34].

2. Verzeichnis in Reinschrift an Herrn Ersten Staatsanwalt in .... [vgl. S. 40 unter Nr. 1, S. 40 Anm. 8].

3. Nach 3 Monaten.

Nach Eingang der Nachricht [vgl. S. 41 unter Nr. 2 mit Anm. 3], daß die Strafaussetzung bis zum ...... bewilligt ist und Vermerk hierüber zu den Akten.

III.

1. Formular St.A. 67 an den Verurteilten [vgl. S. 41 unter lit. a].

2. Formular St.A. 68 an die Polizeiverwaltung in .... [vgl. S. 42 unter lit. b].

3. Formular E an das Strafregister [vgl. S. 43 unter lit. c].

4. Nach 2 Wochen [Eingang des Protokolls, vgl. S. 42 unter lit. b].

5. Frist [8 Wochen vor Ablauf der Bewährungsfrist, vgl. S. 54 Anm. 2].

IV.

1. Formular St.A. 65 an die Polizeiverwaltung in ..... [vgl. S. 54/55 unter b Nr. 2].

2. Frist.

Nach Eingang der Auskunft.

V.

1. N. ist in das Verzeichnis B eingetragen [vgl. S. 59].

2. Verzeichnis in Reinschrift an Herrn Ersten Staatsanwalt in ...... [vgl. S. 64 unter Nr. 1 u. Anm. 2 dort].

3. Nach 3 Monaten.

Nach Eingang der Nachricht [vgl. S. 67 unter Nr. 2 mit Anm. 2], daß die Strafe erlassen ist und Vermerk hierüber zu den Akten.

*) Wegen der Bezeichnung lediglich des Formulars bei einfachen Schreiben vgl. § 16 Abs. 14 bez. § 14 Abs. 15 d. Gesch.O. f. d. Gerichtsschreibereien der Amtsgerichte und der Sekretariate der Staatsanwaltschaften bei den Landgerichten v. 11. Okt. 06, JMBl. S. 304 bez. v. 12. Nov. 06, JMBl. S. 485.

D. Das Strafaussetzungsverfahren bei Fürsorge- oder anderen Anstaltszöglingen.[1])

Das Verfahren ist durch die Allgemeine Verfügung des Justizministers vom 1. November 1910, betreffend die Strafvollstreckung gegen

VI.

1. †) An den Verurteilten.

In Sachen pp. eröffnen wir Ihnen, daß die wider Sie erkannte Strafe im Gnadenwege erlassen ist.

2. Formular F an das Strafregister [vgl. S. 68 Anm. 9 zu I].

3. Akten weglegen, im Jahre ... vernichten unter Herausnahme der Schriftstücke (Bl. ....), welche aufzubewahren bis .... [vgl. S. 69 Anm. 11].

[1]) Für die Fürsorgeerziehung kommen reichsgesetzlich in Betracht: § 55 StGB., §§ 1838, 1666, 1667 BGB. — Auf Grund Art. 135 EGzBGB. ist für Preußen erlassen das Fürsorgeerziehungsgesetz v. 2. Juli 00 (GS. S. 264). § 1 bestimmt unter drei Ziffern die Voraussetzungen, unter denen ein Minderjähriger, welcher das 18. Lebensjahr noch nicht vollendet hat, der Fürsorgeerziehung überwiesen werden kann. Nach § 5 ist die vorläufige Unterbringung zur Fürsorgeerziehung zulässig. Das Vormundschaftsgericht, welchem die Feststellung des Vorhandenseins der Voraussetzungen für die Fürsorgeerziehung und die Anordnung der Unterbringung zur Fürsorgeerziehung zusteht (§ 3), beschließt von Amts wegen oder auf Antrag (§ 4). Die Fürsorgeerziehung richtet sich in erster Reihe vorbeugend gegen die Verwahrlosung, vgl. S. 22. Anm. 3 und Landsberg, Das Recht der Zwangs- und Fürsorgeerziehung, Berlin u. Leipzig (Walther Rothschild), 1908, S. 267, sowie Reicher, Die Theorie der Verwahrlosung und das System der Ersatzerziehung, Wien, 1908, Verlag Manz. Siehe auch v. Massow, Das Preuß. Fürsorgeerziehungsgesetz und die Mitwirkung der bürg. Gesellschaft bei seiner Ausführung, Berlin, 1901 (Nicolai) u. das Buch von Lindsey (Die Aufgabe des Jugendgerichts, dtsch. v. A. Paul, Heilbronn a. N., Eugen Salzer, 1909), der die vornehmste Aufgabe des Jugendgerichts darin erblickt: „Verbrechen zu verhindern, bevor sie begangen werden." Vgl. noch die gründlichen und belehrenden Ausführungen bei Aschaffenburg, a. a. O., S. 195 ff., S. 201 bis 203 sowie das mit warmem Herzen geschriebene — konfessionell gefärbte — Buch von Krauß, Der Kampf gegen die Verbrechensursachen, Paderborn, Ferdinand Schöningh, 1905, S. 118 ff. u. die bei Cramer, Gerichtliche Psychiatrie, Jena, Gustav Fischer, 1908, S. 80 Anm. 1 angeführte Literatur.

†) Obige Anordnung zu 1 kann wegfallen, da nach dem S. 65 unter Nr. 2 Gesagten, sofern ein Gnadenerweis gewährt ist, die Benachrichtigung der Beteiligten auch in amts- und schöffengerichtlichen Sachen durch die Staatsanwaltschaft zu erfolgen hat. Doch gilt der Satz: superflua non nocent. Das von der Staatsanwaltschaft einschlägig benutzte Formular lautet in der Regel: „Seine Majestät der Kaiser und König haben durch Allerhöchsten Erlaß vom (Tag) (Monat) (Jahr) geruht, die durch Urteil des Königlichen ...... Gerichts in ...... vom ..... gegen Sie erkannte Strafe von ...... in Gnaden Ihnen zu erlassen."

Fürsorge- und andere Anstaltszöglinge,[1]) wie folgt, geregelt.[2]) [3])

---

[1]) Durch diese Verfügung — I. 5712 — (JMBl. S. 387) sind aufgehoben:

a) die Allg. Vf. d. JM. v. 16. Sept. 82 — I. 2692 — (JMBl. S. 288),

b) die Allg. Vf. d. JM. v. 1. Okt. 04 — I. 5895 — (JMBl. S. 259),

c) § 6 d. RdErl. v. 12. April 06, welcher die zu b angeführte allgemeine Verfügung unberührt ließ.

Vgl. als historische Reminiszenz den Erl. d. JM. v. 9. April 57 — I. 1447 — u. weiter über ältere Anklänge Marck u. Kloß, a. a. O., § 168, I.

[2]) Nach Lage unseres Reichsstrafrechts und des landesgesetzlichen Fürsorgeerziehungsrechts lassen sich Kollisionen zwischen der Strafvollstreckung und der Fürsorgeerziehung nicht vermeiden. Um nun den hieraus drohenden Schäden vorzubeugen, ist in doppelter Weise im Verwaltungswege Anordnung getroffen, nämlich durch

a) die oben im folgenden Text behandelte — den All. Erl. v. 23. Okt. 95 ergänzende — Allg. Vf. v. 1. Nov. 1910, und

b) die im wesentlichen bereits besprochene zur Ausführung des All. Erl. v. 23. Okt. 95 ergangene RdVf. v. 12. April 06 (vgl. Aschrott, Ges. über die Fürsorgeerziehung Minderjähriger, Berlin (J. Guttentag), 2. Auflage, 1907, S. 74, u. Goeze, Die Fürsorgeerziehung in Preußen, Berlin, Franz Vahlen, 1910, S. 105, 106. Vgl. auch oben S. 12.

Die allgemein anwendbare RdVf. zu b steht mit der speziell Fürsorge- oder andere Anstaltszöglinge betreffenden Allg. Vf. zu a nicht im Widerspruch, wie auch in einem — in dem nachstehend genannten Buch von Gordan, Lehmann u. Niese angezogenen — Sondererlaß d. JM. v. 21. März 02 ausdrücklich hervorgehoben worden ist, weil sie dem Verurteilten noch günstiger ist, insofern sie ihm von vornherein einen künftigen Gnadenerweis in Aussicht stellt, was bei der Strafaussetzung auf Grund der gedachten Allg. Vf. nicht der Fall ist, insofern sie die Aussetzung der Strafvollstreckung allein lediglich im Interesse eines ungestörten Fortganges der Fürsorge- oder Anstaltserziehung bis zu deren Beendigung vorsieht (vgl. auch die bei Müller, a. a. O., Bd. II, S. 1749 als Zus. c zu Nr. 54 abgedr. RdVf. v. 2. Juli 07 — I. 4889 —, wonach von der RdVf. v. 12. April 06, wenn sie anwendbar erscheint, in erster Linie als der dem Verurteilten günstigeren Gebrauch zu machen ist). Jedoch geht in der Beziehung die Allg. Vf. zu a weiter, als die Strafaussetzung weder an eine bestimmte Altersstufe noch an ein Strafmaximum geknüpft ist, und es auch nicht darauf ankommt, ob der Zögling zum ersten Male bestraft wird. Der wesentliche — wohl mehr formale — Unterschied zwischen beiden Arten der Strafaussetzung dürfte darin liegen, daß bei den nicht der RdVf. v. 12. April 06 unterstehenden Fällen nach Ablauf der Bewährungsfrist die Vollstreckungsbehörde, wenn sie eine Begnadigung vorschlagen will, besonders berichten muß, während der Vorschlag zur Strafaussetzung und Begnadigung in Gemäßheit dieser RdVf., wie gezeigt, durch Aufnahme in die einzureichenden Verzeichnisse (A bez. B) erfolgt (vgl. hierzu Gordan, Lehmann u. Niese, Gesetz über die Fürsorgeerziehung Minderjähriger, Berlin (Carl Heymann), 1907, S. 87/88 unter Nr. 22, und Klein „Aussetzung des Vollzuges der Strafe und Begnadigung der in Fürsorgeerziehung befindlichen Individuen" im GerS. 65, 400 ff.).

Soweit die hier zu a und b erwähnten Vf. nichts besonderes anordnen, gilt für das Verfahren bei Strafaussetzungen und Begnadigungen I bis III d. Allg. Vf. v. 22. Dez. 11 (JMBl. S. 448) sowie III d. Allg. Vf. v. 14. Aug. 79 (JMBl. S. 237).

[3]) Hinsichtlich der (in der vorhergehenden Anmerkung bereits gedachten) Kollisionen zwischen Strafvollstreckung und Fürsorgeerziehung ist noch folgendes zu sagen.

a) die landesrechtliche **Fürsorge**erziehung hat den Vorrang vor den strafrechtlichen Maßnahmen:

α. Nach der S. 22 Anm. 3 angegebenen Allg. Vf. v. 6. Febr. 01 soll schon vor der Einleitung der Fürsorgeerziehung eine Strafvollstreckung vermieden und geeignetenfalls mit Rücksicht auf die einzuleitende Fürsorgeerziehung die Strafaussetzung erbeten werden (vgl. Schultzenstein-Köhne, Das deutsche Vormundschaftsrecht, 2. Auflage, J. Guttentag, Berlin, 1901, S. 426 unter Nr. 5).

β. Bei der Tatfrage, welche Verfehlungen der Fürsorgezöglinge hinreichen, um ihnen die Vergünstigung der Strafaussetzung zu entziehen, wird das Gutachten der Fürsorgeerziehungsbehörde die entscheidende Rolle spielen. Jedenfalls ist nicht jede Entweichung eines Fürsorgezöglings aus seiner Unterkunftsstelle ein Anlaß, die Genehmigung zum Aufschub der Vollstreckung einer gerichtlich gegen ihn erkannten Freiheitsstrafe zu widerrufen. Die dies anordnende RdVf. d. Min. d. Inn. v. 2. Juni 04 — S. 2419 — (MBlV. S. 221), abschriftlich mitgeteilt durch RdVf. d. JM. v. 8. Juli 04 — I. 4575 — (siehe bei Müller, a. a. O., Bd. II, S. 1781, Zus. c zu Nr. 5), bestimmt weiter, daß die beteiligte Staatsanwaltschaft von der Entweichung nur zu benachrichtigen ist, wenn nicht in kürzerer Zeit — etwa in einer Woche — die Wiederergreifung erfolgt und dann die Beobachtungen des Zöglings in der Anstalt zu dem späteren Bericht fortgesetzt werden können. Bei wiederholter Entweichung freilich gilt die Strafaussetzung ohne weiteres als „verwirkt". Dann ist sofortige Benachrichtigung der Staatsanwaltschaft geboten. Das ist auch dann der Fall, wenn nach dem vorherigen Verhalten des Zöglings ein abschließendes ungünstiges Urteil über ihn gefällt werden kann (vgl. auch Backhausen, Das Entweichen der Fürsorgezöglinge, S. 241 bis 247 in Nr. 21 d. Z. II (1911) und Gordan, Lehmann u. Niese, a. a. O., S. 90 unter Nr. 24.

γ. Gegen die Verbringung eines Zöglings in die Untersuchungshaft kann allerdings der Kommunalverband keinen Einspruch erheben. Jedoch darf gegen den Widerspruch der Fürsorgeerziehungsbehörde auch hier die Strafhaft nicht beginnen (vgl. Vf. d. OStA. zu Cassel v. 7. Jan. 07, abgedr. bei Gordan, Lehmann u. Niese, a. a. O., S. 225 unter Nr. 31). Dies gilt selbst dann, wenn der Zögling im Verhandlungstermin auf Einlegung von Rechtsmitteln verzichtet, um die Strafe sofort zu verbüßen (vgl. hierzu S. 21 Anm. 2 u. Gordan, Lehmann u. Niese, a. a. O., S. 88).

δ. Auf Grund der Allg. Vf. v. 1. Nov. 10 hat unter Umständen auf Antrag des Kommunalverbandes die Strafvollstreckungsbehörde eine Unterbrechung der gegen einen Fürsorgezögling bereits begonnenen Strafvollstreckung anzuordnen (s. S. 81 unter Nr. 3).

1. Wenn gegen Minderjährige, die sich in Fürsorgeerziehung oder aus anderer Veranlassung in einer Erziehungs- oder Besserungsanstalt[1]) befinden, Freiheitsstrafen[2]) zu vollstrecken sind, so haben die Vollstreckungsbehörden in jedem Falle sorgfältig zu prüfen, ob es sich empfiehlt, den Strafvollzug zur Vermeidung einer Störung des Erziehungswerkes auszusetzen, oder ob nach der Persönlichkeit des Verurteilten und der Art der Straftat sofortige Vollstreckung geboten erscheint. Vor Entschließung hierüber haben sich die Vollstreckungsbehörden unverzüglich mit dem Vorstande des zur Fürsorgeerziehung verpflichteten Kommunalverbandes, in anderen Fällen mit dem Vorstande der Erziehungs- oder Besserungsanstalt in Verbindung zu setzen.[3]) [4])

---

a. Der Erl. d. Min. d. Inn. v. 29. Juni 04 — S. 2213 — (MBlV. S. 222) bestimmt, daß Minderjährige, die auf Grund der §§ 181a, 362 StGB. der Landespolizeibehörde überwiesen und von dieser in ein Arbeitshaus oder eine Besserungsanstalt gebracht sind, alsbald nach rechtskräftiger Anordnung der Fürsorgeerziehung dem Kommunalverbande zuzuführen sind (vgl. Klein, „Aussetzung der korrektionellen Nachhaft bei Fürsorgezöglingen", a. a. O., S. 131 u. über die Zulässigkeit der Anordnung der Fürsorgeerziehung, wenn der Minderjährige der Landespolizeibehörde überwiesen worden ist, II Abs. 9 der zum FEG. ergangenen Ausführungsbestimmungen d. Min. d. Inn. v. 18. Dez. 00, JMBl. 01, S. 27, vgl. auch S. 23 Anm. 4.

b) die reichsrechtliche Anordnung der Zwangserziehung (§ 56 StGB., vgl. § 69 Abs. 2 Vorentw.) geht der Fürsorgeerziehung vor, und letztere wird dann in der Regel wegen anderweiter Sicherstellung ihres Zweckes aufgehoben werden können (vgl. die bei Gordan, Lehmann u. Niese, a. a. O., S. 187, 188 abgedr. Erl. d. Min. d. Inn. v. 3. Juli 02 u. 5. Mai 03, vgl. Leonhard, Über Zwangserziehung im Strafrecht, Verlag v. Puttkammer u. Mühlbrecht, Berlin, 1907 u. Wittig, Gesetz über die Fürsorgeerziehung Minderjähriger, Verlag v. M. u. H. Marcus, Breslau, 1901, S. 19 unter Nr. 12. — Beiläufig s. über einen Vorschlag zur Aussetzung des Vollzugs des Urteils, wenn auf Überweisung in eine Zwangserziehungsanstalt erkannt ist, Appelius, a. a. O., S. 92/93.

[1]) vgl. auch Krohne, Erziehungsanstalten für die verlassene, gefährdete und verwahrloste Jugend in Preußen, Berlin, Carl Heymann, S. 1 ff., welcher — nebenbei bemerkt — eine treffliche geschichtliche Skizze über die Entwickelung der staatlichen Jugendfürsorge gibt (a. a. O. S. XIII bis XL).

[2]) primäre oder hilfsweise erkannte, vgl. auch Erl. d. Min. d. Inn. v. 9. Juli 06 (MBlV. S. 236).

[3]) Vgl. §§ 9, 14 FEG. — Unzulässig ist das vielfach von den Strafvollstreckungs-

α) Ergibt sich hierbei Einverständnis, daß die Voraussetzungen der bedingten Strafaussetzung nach dem Runderlasse vom 12. April 1906, insbesondere auch mit Rücksicht auf den von der Fürsorge- oder sonstigen Erziehung zu erwartenden günstigen Erfolg,[1]) vorliegen, so ist das weitere demgemäß zu veranlassen, sofern dies nicht schon auf Anregung des erkennenden Gerichts (§§ 7, 8, 11 dieses Runderlasses) [2]) zu geschehen hat. Auf das Einverständnis der für die Erziehung zuständigen Stelle ist bei Befürwortung der bedingten Strafaussetzung Bezug zu nehmen.[3]) [4])

---

behörden eingeschlagene Verfahren, auch bei Fürsorgezöglingen sich mit der Anhörung des Vorstandes der Anstalt, in welcher der Verurteilte untergebracht ist, zu begnügen. Denn der Vorstand desjenigen Kommunalverbandes, dem die Unterbringung des Minderjährigen obliegt, hat ein sehr erhebliches Interesse daran, der Strafvollstreckungsbehörde gegenüber seine eigene Ansicht, die möglicherweise von derjenigen des Anstaltsleiters abweicht, zur Geltung zu bringen. Vgl. die bei Gordan, Lehmann u. Niese, a. a. O., S. 223 unter Nr. 29 abgedr. gem. Vf. des Präs. u. OStA. d. KG. — $\frac{\text{3. Gen. III. 121}}{30}$ — v. 29. Mai 1905.

[4]) Vgl. auch die (bei Müller, a. a. O., Bd. II, S. 1719 als Zus. c zu Nr. 13 und S. 1781 als Zus. d zu Nr. 5 abgedruckten) Vf. d. JM. v. 9. Okt. 03 — I. 6759 — bez. v. 15. Febr. 07 — IV. 2597 —, wonach der Erste Staatsanwalt bez. das Amtsgericht nicht befugt sind, die Aussetzung der Strafvollstreckung gegen Fürsorgezöglinge bis zur Beendigung der Fürsorgeerziehung auf Grund der S. 73 Anm. 1 zu a und b gedachten Verfügungen auszusetzen. Hingegen bedarf es nach der (bei Müller, a. a. O., Bd. II, S. 1774 als Zus. b zu § 6 RdVf. abgedr.) Allg. Vf. v. 15. Okt. 01 — I. 5299 — zur Erwirkung der Strafaussetzung gegen Fürsorgezöglinge auf Grund des All. Erl. v. 23. Okt. 95*) der Herbeiführung des Einvernehmens mit dem Kommunalverbande nicht. Jedoch hat sich wiederum die Strafvollstreckungsbehörde mit dem letzteren in Verbindung zu setzen, wenn sie eine Zurücknahme der Strafaussetzung beantragen oder einen Straferlaß nicht befürworten will. — De lege ferenda wird vorgeschlagen: die Strafen gegen Fürsorgezöglinge sind in jedem Falle so lange auszusetzen, bis der Kommunalverband selber die Strafvollstreckung beantragt, vgl. S. 43 in Nr. 4 d. Z. III (1912).

[1]) vgl. S. 22 Anm. 3. [2]) vgl. S. 24 bis 27, 32 bis 34.

[3]) Die Eintragung in Spalte 8 zu b des Verzeichnisses A kann z. B. lauten: „Das Gericht befürwortet die Strafaussetzung. Der Verurteilte ist zwar wegen Vergehens

---

*) genauer: in Vbdg. mit der dessen Durchführung regelnden RdVf. v. 19. Nov. 95 bez. jetzt, nachdem diese Vf. eine neue Redaktion erfahren hat, der RdVf. v. 12. April 1906 (vgl. S. 12).

gegen das Eigentum vorbestraft, hat indes vorliegend seinen in einer Art Unbesonnenheit begangenen Fehltritt offen und reumütig eingestanden, dem Betroffenen Abbitte geleistet und dessen Verzeihung erlangt. Auch befindet sich der Verurteilte als Fürsorgezögling z. Zt. in der Erziehungsanstalt zu ......, und steht zu befürchten, daß durch alsbaldige Vollstreckung der Strafe das begonnene Erziehungswerk gestört wird", und die Eintragung in Spalte 8 zu c: „Die Führung des Verurteilten in der Erziehungsanstalt zu ...... ist eine recht gute. Der Herr Landeshauptmann von ... in ... hat deshalb ersucht, eine Strafaussetzung von ... Jahren herbeizuführen. Im Interesse des demnach zu erwartenden günstigen Erfolges des Erziehungswerkes wird jenes Ersuchen befürwortet." — Die Eintragung in Spalte 8 des Verzeichnisses B kann z. B. so lauten: „Der Verurteilte ist seit ... Fürsorgezögling. Nach Auskunft des Herrn Landeshauptmanns von ... in ... befindet sich Verurteilter seit ..... in ein und derselben Dienststelle, hat sich niemals mehr unehrlich gezeigt und verrichtet seine ihm obliegenden Arbeiten mit Fleiß, so daß eine Besserung als vorliegend erachtet werden muß. Der Herr Landeshauptmann hat Erlaß der Strafe befürwortet", und die Eintragung in Spalte 9 zu b: „Es wird völliger Erlaß der Strafe beantragt. Der Verurteilte hat sich während der Bewährungsfrist straffrei geführt und sich im übrigen so verhalten, wie man es von einem ordentlichen Menschen verlangt. Es ist anzunehmen, daß die Besserung eine dauernde sein wird, umsomehr, da Verurteilter voraussichtlich bis zur Vollendung seines 21. Lebensjahres in der Fürsorgeerziehung verbleiben wird und so bis dahin ständig unter kontrollierender Beobachtung ist."

4) Verfügungsentwürfe in folgendem Beispiel: Ein Fürsorgezögling N., der sich in der Provinzial-Erziehungsanstalt zu Wohlau befindet, ist vom Königlichen Schöffengericht in Kattowitz wegen Diebstahls zu 2 Wochen Gefängnis verurteilt. Die Voraussetzungen der bedingten Strafaussetzung nach d. RdVf. v. 12. April 06 liegen nicht vor. Die Allg. Vf. v. 1. Nov. 10 (JMBl. S. 387) erscheint anwendbar.

I.

1. Rechtskräftig.

2. Herrn Ersten Amtsanwalt zur Kenntnisnahme.

3. Strafnachricht [vgl. S. 43 Anm. 2 u. S. 92 Anm. 2].

4. Zählkarte.*)

5. Urteilsformel mittels Anschreibens

*) Zu Zwecken der Statistik ist in Strafsachen wegen Verbrechen und Vergehen gegen Reichsgesetze (einschließlich der Privatklagesachen), — ausgenommen Zuwiderhandlungen gegen die Vorschriften über die Erhebung öffentlicher Abgaben und Gefälle, — für jedes Urteil oder jeden Strafbefehl, und zwar für jeden Abgeurteilten besonders, alsbald nach Eintritt der Rechtskraft auf Anordnung der Strafvollstreckungsbehörde (StA. oder AG.) vom Sekretär oder Gerichtsschreiber eine Zählkarte auszufüllen. Für männliche Abgeurteilte sind weiße, für weibliche blaue Karten zu verwenden. — Sämtliche Karten sind bei der StA. des LdG. zu sammeln und vierteljährlich, spätestens bis zum 10. Tage des neuen Quartals, dem Kaiserl. Statistischen Amt in Berlin zu übersenden (s. Verordg. d. Bundesrats v. 5. Dez. 81, JMBl. S. 329 u. Allg. Vf. v. 21. Dez. 81, JMBl. S. 330 vbd. mit Art. III Nr. 37 d. Allg. Vf. v. 29. April 07, JMBl. S. 359 [früher Art. III d. Allg. Vf. v. 25. Aug. 79, JMBl. S. 251]). Vgl. Müller, a. a. O., Bd. II, S. 1305 bis 1309 unter Nr. 21 u. Nr. 22 und das S. 107 Anm. 2 angezogene Buch von Cammert. — Auch für die Militärjustiz sind zur Herstellung einer Kriminalstatistik Bestimmungen getroffen, vgl. Marck u. Kloß, a. a. O., § 131, S. 462.

dem Herrn Landeshauptmann für die Provinz Schlesien mit dem Ersuchen um Auskunft, ob gegen die alsbaldige Vollstreckung der Strafe Einwendungen erhoben werden [vgl. S. 75].

6. Frist.

Der Landeshauptmann beantragt „zwecks Vermeidung der Störung des Erziehungswerkes" die Aussetzung der Strafvollstreckung auf 2 Jahre.

II.

In Urschrift mit einem Band Akten Herrn Ersten Staatsanwalt in Beuthen O./S. zur weiteren Veranlassung.

Wir schließen uns der Bitte um Strafaussetzung aus den vom Herrn Landeshauptmann vorgebrachten Gründen an.

Der Erste Staatsanwalt berichtet an den Justizminister [vgl. S. 80 Anm. 1], dieser genehmigt die Strafaussetzung bis zum .... mittels Erlasses vom .... Der Erste Staatsanwalt übermittelt nach Veranlassung des Erforderlichen die Akten unter Beifügung des Erlasses dem Amtsgericht. Dort geht jetzt die Nachricht ein, daß N. anderweit zu Freiheitsstrafe verurteilt ist. Nach Einholung der betreffenden Akten.

III.

An den Herrn Landeshauptmann
für die Provinz Schlesien
in Breslau.

Der Fürsorgezögling N., geboren am ....., welchem in den diesseitigen Akten ...... in Gemäßheit der Allgemeinen Verfügung vom 1. November 1910 (JMBl. S. 387) durch Erlaß des Justizministers vom ...... Strafaussetzung bis zum ...... bewilligt worden, ist am ...... vom Königlichen Schöffengericht in ...... wegen ...... zu ..... Gefängnis verurteilt, und hat die Strafe in ...... verbüßt. Die betreffenden Vorgänge befinden sich hier.

Wir haben nun in unseren Akten an den Herrn Justizminister wegen Widerrufs der Strafaussetzung [vgl. S. 49] zu berichten, und fragen an, ob gegen eine alsbaldige Vollstreckung der erkannten zweiwöchigen Gefängnisstrafe noch Einwendungen erhoben werden [vgl. S. 75].

Zugleich bitten wir um Mitteilung über den derzeitigen Aufenthalt des N.

Der Landeshauptmann gibt Auskunft über diesen Aufenthalt und erklärt sein Einverständnis zur alsbaldigen Vollstreckung der Strafe.

IV.

Sofort!

1. Den Erlaß des Justizministers [auf den Bericht des Ersten Staatsanwalts, vgl. unter II] — vorsichtig — entheften (Bl..... d. A.) und mit Reinschrift anliegenden Berichts Herrn Ersten Staatsanwalt in Beuthen O./S. mittels Anschreibens übersenden [vgl. S. 49 Anm. 2].

2. Akten dem Amtsgericht in [vgl. unter III] zurückzusenden.

3. Frist.

†) gehört zu S. 79. — Hinsichtlich der Mitteilungen vom erfolgten Widerruf findet das im § 4 S. 67 Gesagte entsprechende Anwendung.

Königliches Amtsgericht. Kattowitz, den....... 19...

Bericht*)
in der Strafsache
wider
den Arbeiter N. aus...... (Kreis), Fürsorgezögling der Provinzial-Erziehungs-Anstalt in Wohlau, z. Zt. in ....,
wegen Diebstahls, — 11. D. —/— A. G. Kattowitz. —
Ohne Auftrag.
Betrifft Widerruf der Strafaussetzung.
1 Anlage: Erlaß vom..... [vgl. IV, 1].

Der Arbeiter N., welchem in Gemäßheit der Allgemeinen Verfügung vom 1. November 1910 (JMBl. S. 387) durch Erlaß vom ...... Strafaussetzung bis zum ...... bewilligt worden, ist nachträglich bestraft durch Urteil des Königlichen Schöffengerichts in...... vom...... wegen ...... mit...... Gefängnis. Die Strafe ist verbüßt.

Der Herr Landeshauptmann von Schlesien hat auf Anfrage sein Einverständnis zur alsbaldigen Vollstreckung der hier erkannten Strafe erklärt.

Da der Verurteilte durch schlechte Führung innerhalb der Bewährungsfrist der ihm gewährten Vergünstigung sich nicht würdig gezeigt hat, wird beantragt:

die dem Verurteilten in den Akten 11. D. —/— des Amtsgerichts Kattowitz bewilligte Strafaussetzung zu widerrufen.

Judex.

An
den Herrn Justizminister
in
Berlin.

Es geht der Erlaß des JM. ein: „Die am...... erteilte Genehmigung zur Strafaussetzung wird widerrufen".

V. **Eilt!**

1. Bekanntmachung des Widerrufs der Strafaussetzung an:**)
   a) Landeshauptmann, } mit Nachricht zu 2;
   b) Vorstand der Provinzial-Erziehungs-Anstalt in Wohlau, }
   c) Verurteilten;
   d) Polizeibehörde (des Wohn- ev. letzten Aufenthaltsortes des Verurteilten N.);

---

*) Wegen der äußeren Form des Berichts vgl. Nr. 4 d. RdVf. v. 13. Mai 85 — I. 1839, — in Erinnerung gebracht durch den Erl. d. JM. v. 28. April 87 — I. 1539, — sowie auch die §§ 2 u. 4 vbd. mit 17 d. Allg. Vf. v. 25. Juni 97 (JMBl. S. 147). Diese Verfügungen sind abgedruckt bei Müller, a. a. O., Bd. II, S. 1732 im Zus. e zu Nr. 29 bez. S. 1090 ff. unter Nr. 14, und ferner bei Marck u. Kloß, a. a. O., § 156, I, b, S. 544 bez. ebenda in § 2 S. 7 ff. unter IV, 1 u. 4. Vgl. noch wegen der Reinschrift des Berichts § 16 Abs. 1 u. Abs. 13 bez. § 14 Abs. 1 u. Abs. 14 der Gesch.O. f. d. Gerichtsschreibereien der Amtsgerichte und Sekretariate der Staatsanwaltschaften bei den Landgerichten v. 11. Okt. 06, JMBl. S. 304 bez. v. 12. Nov. 06, JMBl. S. 485.

**) s. Anm. †) S. 78.

β) Wird ein Einverständnis dagegen nicht erzielt, so ist vor Einleitung der Vollstreckung an den Justizminister zu berichten. Den Bericht erstattet der Erste Staatsanwalt.[1]) Liegt die Vollstreckung dem Amtsrichter ob, so übersendet dieser die Akten mit seiner Äußerung[2]) dem Ersten Staatsanwalt.

2. Entsprechend ist zu verfahren, wenn der Verurteilte sich zwar noch nicht in Fürsorgeerziehung oder aus anderer Veranlassung in einer Erziehungs- oder Besserungsanstalt befindet, diese Maßregeln jedoch bereits rechtskräftig beschlossen[3]) sind, oder wenn seine vorläufige Unter-

e) Strafregister [vgl. S. 43 Anm. 4];
f) Vormundschaftsgericht in ...... (zu den betr. Fürsorgeerziehungsakten).
2. Ersuchen um Strafvollstreckung ans Amtsgericht in ....
3. In die Rückfälligenliste [s. S. 93 unter Nr. 2, α].
4. Zum Formular „C" [s. S. 90 unter Nr. 1].
5. Frist.

— — —

Demnächst Mitteilung vom Strafantritts- und Verbüßungstage dem Vorstand der Prov.Erz.Anstalt in Wohlau, und nach Eingang der Strafvollstreckungspiecen Anordnung wegen Weglegung und Vernichtung der Akten [vgl. S. 69 Anm. 11].

[1]) und zwar unmittelbar an den Justizminister gemäß der zu vergleichenden RdVf. v. 27. Nov. 07 — I. 5785 — (abgedr. bei Müller, a. a. O., Bd. II, S. 1750 als Zusatz d zu Nr. 54) auch dann, wenn darin die Aussetzung der Strafvollstreckung beantragt wird. Dem Wunsche nach Strafaussetzung wird nach einer von dem Vertreter des JM., Geh. Oberjustizrats Plaschke, in der Generalversammlung der Rheinisch-Westfälischen Gefängnisgesellschaft v. 25. Okt. 07 zu Düsseldorf abgegebenen Erklärung im weitesten Umfange entgegenzukommen sein. Das Werk der Fürsorgeerziehung solle ruhig und ungestört vor sich gehen können. Die Aussetzung sollte nur bei Straftaten versagt werden, die ihres Charakters halber sofortige Ahndung erfordern (vgl. Schmitz, Die Fürsorgeerziehung Minderjähriger, Düsseldorf, Verlag L. Schwann, vierte Auflage, 1908, S. 134 unter Nr. 37 und auch den Aufsatz von Pastor Matz, Unsere Jugendlichen, in Aschaffenburgs Monatsschrift V, S. 123 ff., insb. S. 132 bis 135).

[2]) z. B. dahin: „Die Strafaussetzung wird nicht befürwortet, weil die Verurteilte trotz ihrer Erziehung als Fürsorgezögling, — sie war probeweise entlassen —, einen hartnäckigen verbrecherischen Hang bewiesen hat, so daß Besserung nur von der Vollstreckung der Strafe zu erwarten steht."

[3]) Die Eintragung in Spalte 8 zu b des Verzeichnisses A kann z. B. so lauten: „Die Aussetzung der Strafvollstreckung wird befürwortet, weil durch rechtskräftigen Beschluß des Vormundschaftsgerichts in ...... vom ...... die Fürsorgeerziehung

bringung[1]) (§ 5 des Fürsorgeerziehungsgesetzes) angeordnet ist.[2]) Ist die Fürsorgeerziehung beschlossen, so hat die Strafvollstreckungsbehörde gleichfalls mit dem Vorstande des zuständigen Kommunalverbandes, in den übrigen Fällen jedoch mit dem zuständigen Vormundschaftsgericht in Verbindung zu treten.[3])

3. Hat die Strafvollstreckungsbehörde vor der Anordnung jener Erziehungsmaßregeln oder in Unkenntnis ihres Bestehens den Strafvollzug bereits eingeleitet, so ist nach den gleichen Grundsätzen zu verfahren, wenn die nach Ziffer 1 und 2 für die Erziehung zuständigen Stellen die Unterbrechung des Strafvollzugs beantragen. Hier-

des Verurteilten angeordnet ist. Es steht zu erwarten, daß der Verurteilte, welcher in der Kindheit seine Eltern verloren hat, und ohne ausreichende Beaufsichtigung aufgewachsen ist, durch die bevorstehende Fürsorgeerziehung noch gebessert wird", ferner die Eintragung in Spalte 8 zu c des Verzeichnisses A: „Die Strafvollstreckungsbehörde beantragt Strafaussetzung im Einverständnis mit dem Herrn Landeshauptmann, da durch alsbaldige Vollstreckung der Strafe der Erfolg des zu beginnenden Erziehungswerkes gestört werden würde", und eventuell: „Die Strafvollstreckung war bis .... ausgesetzt. Die Führung des Verurteilten, der inzwischen in der Erziehungsanstalt in ..... untergebracht worden ist, läßt nach Mitteilung des Herrn Landeshauptmanns noch zu wünschen übrig, doch ist Aussicht auf Besserung vorhanden. Der Herr Landeshauptmann hat ersucht, eine weitere Strafaussetzung von ..... Jahren herbeizuführen. Im Interesse des schwebenden Erziehungswerkes, dessen Zweck noch erreichbar erscheint, wird um Aussetzung der Strafvollstreckung nach Maßgabe gedachten Ersuchens gebeten."

[1]) Die Eintragung in Spalte 8 zu b des Verzeichnisses A kann z. B. so lauten: „Die vorläufige Unterbringung des Verurteilten zur Fürsorgeerziehung ist durch Beschluß des Vormundschaftsgerichts in ..... vom ..... angeordnet, und wird voraussichtlich die endgiltige Unterbringung zur Fürsorgeerziehung beschlossen werden. Es steht zu erwarten, daß der im allgemeinen sittlich unverdorbene Verurteilte durch die in Aussicht genommene Anstaltserziehung noch gebessert wird, weshalb die Strafaussetzung befürwortet wird", und die Eintragung in Spalte 8 zu c des Verzeichnisses A: „Die Strafvollstreckungsbehörde beantragt Strafaussetzung im Einverständnis mit dem Vormundschaftsgericht, da durch alsbaldige Vollstreckung der Strafe das zu beginnende Erziehungswerk gestört werden würde."

[2]) Diesfalls gilt beiläufig im Sinne der Strafvorschrift des § 21 Ges. das Fürsorgeerziehungsverfahren als „eingeleitet", vgl. RGSt. 38, 123 und auch 41, 108.

[3]) Vgl. das Beispiel in Anm. 1 hier. — Über den früheren Zweifel, mit wem sich nach der S. 73 Anm. 1 zu b genannten Verfügung im Falle der vorläufigen Unterbringung die Strafvollstreckungsbehörde ins Einvernehmen setzen soll, s. Gordan, Lehmann u. Niese, a. a. O., S. 56/57 unter Nr. 19.

bei unterliegt es in den Fällen der Ziffer 1 β dem Ermessen der Vollstreckungsbehörde, ob vor Erstattung des Berichts an den Justizminister die Strafvollstreckung vorläufig zu unterbrechen ist. Eine Unterbrechung empfiehlt sich im Interesse des Verurteilten nicht, wenn die Vollstreckungsbehörde es nach den Umständen des Falles für wahrscheinlich hält, daß der Justizminister die Fortsetzung der Strafvollstreckung anordnen werde.[1] [2]

---

[1] Wie erwähnt, bezweckt die Strafaussetzung bei Fürsorgezöglingen die Vermeidung einer Störung des Erziehungswerkes. Man hat nun zur Erreichung ebendesselben Zweckes in Fällen, in welchen eine Strafaussetzung nicht angezeigt erschien, es unternommen, die Freiheitsstrafen in der Arrestzelle der Erziehungsanstalt zu vollstrecken. Über die derzeitige Unzulässigkeit eines solchen — hier im Zusammenhange gedachten — Verfahrens s. Niese, Aus der Praxis der Fürsorgeerziehung, S. 101/102 in Nr. 9 d. Z. I (1910). Vgl. § 70 Abs. 2 Vorentw. nebst Begr. S. 263 u. Kritik dazu vom Strafvollzugspraktiker Leonhard, Die modernen Strafrechtsideen und der Strafvollzug, Leipzig, W. Engelmann, 1910, S. 137. — Anträge von mit Strafaussetzung versehenen Fürsorgezöglingen auf Erteilung eines Meldescheines zum freiwilligen Eintritt in den Militärdienst (§§ 24, 84 bis 87 WO.) sind von den Zivilvorsitzenden der Ersatzkommissionen (§ 84 Ziff. 1 WO.) nicht ausnahmslos gemäß § 84 Ziff. 2 Abs. 2 zu b WO. abzuweisen, weil die Zöglinge gerichtlich zu Strafe verurteilt sind. Handelt es sich um vor der Überweisung in die Fürsorgeerziehung begangene Reate und hatten sich die Zöglinge während der Fürsorgeerziehung gut geführt, so kann unter Berücksichtigung des Charakters der Straftaten und aller in Betracht kommenden Verhältnisse fraglich werden, ob nicht auf Grund des § 84 Ziff. 2 Abs. 4 WO. von der Vorbedingung der untadelhaften Führung abzusehen (vgl. den wichtigen Bescheid der Ersatzbehörde dritter Instanz in Hannover an die Königliche Ober-Ersatzkommission im Bezirk der dortigen Infanteriebrigaden, abgedr. S. 106 in Nr. 9 d. Z. II (1911) u. auch S. 28 Anm. 3). Nach Gordan, Lehmann u. Niese bedarf der freiwillige Eintritt zum Dienst im Heere und der Marine der Genehmigung des Kommunalverbandes, nicht des gesetzlichen Vertreters (vgl. dazu § 84 Ziff. 2 Abs. 2 zu a WO.), und wird ohne Beibringung einer Genehmigung des ersteren der Meldeschein dem Zögling von der gedachten zuständigen Behörde nicht erteilt werden dürfen (a. a. O. S. 71 unter Nr. 6).

[2] Vgl. noch zu S. 72 bis 82 die — wohl zu pessimistischen — Betrachtungen von Klee, Jugendstrafrechtspflege der Gegenwart und Zukunft, S. 85 bis 88 in Nr. 8 d. Z. II (1911). Derselbe Autor, welchem wir eine ganze Reihe die Wissenschaft von der Einrichtung einer bedingten Begnadigung fördernder Arbeiten zu verdanken haben, hat übrigens den Gedanken des Zusammenhanges der bed. Begnadigung mit der Fürsorge- (Anstalts-) Erziehung, d. i. die Strafaussetzung mit Rücksicht auf eine eingeleitete Fürsorge- oder Anstaltserziehung unter Vorbehalt künftigen Straferlasses bei guter Führung des Zöglings, besonders klar herausgearbeitet in dem oben S. 11 Anm. 3 angeführten Artikel.

Abschnitt II. Besonderes Verfahren.

Die dem Minister für Landwirtschaft, Domänen und Forsten übertragenen Sachen.[1])

Auch auf diejenigen Verurteilten, hinsichtlich derer das Begnadigungsrecht durch die Allerhöchste Order vom 15. Dezember 1880 (JMBl. von 1881, S. 31) dem eben genannten Minister,[2]) und von diesem auf Grund der Allerhöchsten Order vom 25. Januar 1911 den Regierungen und den Regierungspräsidenten übertragen worden ist,[3]) findet das im Abschnitt I geordnete Verfahren [4]) mit folgenden Maßgaben entsprechende Anwendung.[5])

---

[1]) Vgl. zum folgenden Text d. Erl. d. JM. v. 16. März 96 — I. 1600a — und Öhlschläger u. Bernhardt, Gesetz betreffend den Forstdiebstahl, Berlin, Verlag von Julius Springer, 5. Auflage, 1904, Bem. 2 zu § 34 S. 97 ff., wo auch der vorgedachte Erlaß abgedruckt ist (a. a. O. S. 100/101).

[2]) vgl. S. 14 nebst Anm. 2, ferner d. RdVf. d. Landw.-Min. v. 27. Jan. 81 u. Vf. d. JM. v. 19. Febr. 81 (JMBl. S. 31) sowie Mücke, Ges. betr. den Forstdiebstahl, Neudamm, Verlag von J. Neumann, 2. Auflage, 1902, Erläut. zu § 34 S. 83.

[3]) Durch Allerhöchste Order v. 25. Jan. 11 ist der Herr Minister für Landwirtschaft, Domänen und Forsten ermächtigt worden, die durch Allerhöchste Order v. 15. Dez. 80 (JMBl. 1881, S. 31) erteilte Befugnis, in allen [also auch in den in Gemeinde- und Privatwaldungen begangenen] Forstkontraventionsfällen einschließlich der Forstdiebstähle Geldstrafen, die den Betrag von dreißig Mark nicht übersteigen, ganz oder teilweise zu erlassen, auf die Regierungen zu übertragen. Der genannte Herr Minister hat auf Grund dieser Ermächtigung bestimmt, daß über Anträge auf Strafaussetzungen und Begnadigungen, soweit sie bisher seiner Entscheidung unterlagen, künftig in den Fällen, die sich auf forstfiskalische Waldungen beziehen, die Regierungen und in allen anderen Fällen die Regierungspräsidenten zu entscheiden haben (vgl. Abs. 1 d. RdVf. d. JM. v. 23. Mai 11 betr. „Begnadigungsrecht in Forststrafsachen" — I. 4893 — in den Generalakten). Soweit hiernach die Handhabung der bedingten Begnadigung in Forststrafsachen in Frage kommt, hat die RdVf. v. 12. April 06 (I. 2298) Abänderungen erfahren (vgl. Abs. 2 u. Abs. 3 d. RdVf. d. JM. v. 23. Mai 11), welche oben im Text berücksichtigt sind; vgl. hierzu auch die flgde. Anm. 5, S. 84 Anm. 1, 3 ferner S. 85 Anm. 8 u. S. 86 Anm. 2, 3, 8.

[4]) vgl. S. 14 ff.

[5]) § 35 in der durch Abs. 2 Ziff. 1 d. RdVf. d. JM. v. 23. Mai 11 abgeänderten Fassung. Vgl. § 5 Satz 2 u. S. 14 sowie Anm. 2 dort.

1. An Stelle des Justizministers treten überall die Regierungen oder die Regierungspräsidenten.[1])

2. Die von den Amtsgerichten[2]) abzusendenden Verzeichnisse, Anzeigen oder Mitteilungen sind ohne Vermittelung des Ersten Staatsanwalts der zuständigen Regierung einzureichen; eine Trennung der in die Verzeichnisse aufzunehmenden Fälle, je nachdem sie zur Zuständigkeit der Regierungen oder Regierungspräsidenten gehören, findet nicht statt. Ersuchen der Regierungen oder Regierungspräsidenten um Äußerung werden durch die Ersten Staatsanwälte erledigt.[3])

3. Die fraglichen Verurteilten sind in das Verzeichnis A nur dann einzustellen, wenn nicht nur die Unbeitreiblichkeit der Geldstrafe,[4]) sondern auch feststeht, daß die an zweiter Stelle erkannte Freiheitsstrafe auch nicht durch Anhaltung zu Forst- und Gemeindearbeiten vollstreckt werden kann (§§ 14, 34 des Forstdiebstahlsgesetzes vom 15. April 1878, GS. S. 222).[5]) [6])

---

[1]) § 35 in der durch Abs. 2 Ziff. 1 d. RdVf. d. JM. v. 23. Mai 11 abgeänderten Fassung.

[2]) In § 483 Abs. 3 StPO. ist bereits der Landesjustizverwaltung das Recht erteilt, für die zur Zuständigkeit der Schöffengerichte gehörigen Sachen den Amtsrichtern die Strafvollstreckung zu übertragen, und es ist dieses in der Allg. Vf. v. 14. Aug. 79 (JMBl. S. 237) ausgeübte Recht durch das FDG. auch auf die zur Zuständigkeit des Amtsrichters allein gehörigen Sachen, also auf alle Forstdiebstahlssachen ausgedehnt, wobei es keinen Unterschied macht, ob ein Urteil oder nur ein Strafbefeh zu Grunde liegt (vgl. § 33 FDG., S. 24 Anm. 1 und Groschuff, Eichborn u. Delius, Die Preuß. Strafgesetze, Berlin, Otto Liebmann, 2. Auflage, 1904, Bem. 1 zu § 33 FDG., S. 34 sowie Öhlschläger u. Bernhardt, a. a. O., in Bem. 1 zu § 20 S. 63 u. Bem. 1 zu § 33 S. 95.

[3]) § 35 in der durch Abs. 2 Ziff. 1 d. RdVf. d. JM. v. 23. Mai 11 abgeänderten Fassung.

[4]) Vgl. § 5 Satz 2 vbd. mit Satz 1.

[5]) § 36 zu a. — Vgl. die durch RdVf. d. JM. v. 3. Dez. 06 — I. 8000 — abschriftlich mitgeteilte RdVf. d. Min. f. L. D. u. F. v. 22. Okt. 06 an die Kgl. Regierungen — III. 12 640 —, in welcher es im Abs. 4 heißt: „Kommen jugendliche Forstfrevler [vgl. § 12 Abs. 2 FDG.] der Aufforderung zur Ableistung der Arbeit nicht nach, so wird für sie die Strafaussetzung mit der Aussicht auf spätere Begnadigung auf Grund des All. Erl. v. 23. Okt. 95 von den Justizbehörden nicht beantragt, vielmehr

4. Die Verzeichnisse A und B sind bezüglich der in Rede stehenden verurteilten Personen gesondert zu führen.[7] [8])

5. [8]) Die Aufschrift der gewöhnlichen Formulare A[9]) und B [10]) ist handschriftlich in

„Verzeichnis derjenigen wegen Forstkontravention rechtskräftig verurteilten Personen, für welche die Aussetzung der Strafvollstreckung mit der Aussicht auf Erwirkung der Begnadigung angeregt wird",

bezw.

„Verzeichnis derjenigen wegen Forstkontravention verurteilten Personen" usw.

und die Überschrift der Spalten 9 bezw. 10 in (Entscheidung der)

„Regierung oder des Regierungspräsidenten",[11])

---

die Freiheitsstrafe vollstreckt werden." Denn weigert sich der Verurteilte zu arbeiten, dann beweist er damit, daß er nicht gewillt ist, der staatlichen Ordnung sich zu fügen. Dann aber ist der Verurteilte offenbar nicht würdig, der Wohltat des All. Erl. teilhaftig zu werden. Die gedachten RdVf. sind abgedr. bei Müller, a. a. O., Bd. II, S. 1778/1779 als Zus. zu § 36a der RdVf. v. 12. April 06. Vgl. auch die gemeinschaftliche Vf. d. OLGPräs. u. OStA. Breslau v. 12. Dez. 06 — 8. Gen. VIII. 75/21048. Vgl. ferner Öhlschläger u. Bernhardt, a. a. O., Bem. 3 zu § 34 Abs. 2 S. 101/102, u. die Bem. 2 ff. zu § 14 S. 41/42. Vgl. endlich noch § 32 d. Vorentw. u. § 63 d. Gegenentw. sowie Begründung dazu S. 118, 119 bez. S. 89.

[6]) Vgl. auch Meves, welcher rät, — sofern in den Fällen der §§ 3 u. 5 FDG. die an die Stelle der primären absolut bestimmten Geldstrafe im Unvermögensfalle nach § 13 tretende Gefängnisstrafe und die nach §§ 6, 8 Ges. in den dort gedachten Fällen neben der Geldstrafe festzusetzende Gefängnisstrafe neben einander erkannt sind —, zu unterscheiden, ob beide Arten der Gefängnisstrafe zusammentreffen oder nicht, und bei ersterer Alternative für beide zusammen die bedingte Begnadigung in Aussicht zu nehmen, andernfalls aber zunächst die Vollstreckung der Gefängnisstrafe aus § 13 Ges. durch die nur für diese gemäß § 14 Ges. zugelassene Forst- oder Gemeindearbeit zu versuchen (a. a. O. S. 4 Anm. 2). Vgl. noch Öhlschläger u. Bernhardt, a. a. O., Bem. 1 zu § 14 S. 41.

[7]) vgl. dagegen oben A bez. B, § 3, I S. 34 u. 59/60.

[8]) § 36 zu b und c in der durch Abs. 2 Ziff. 2 d. RdVf. d. JM. v. 23. Mai 11 abgeänderten Fassung.

[9]) s. im Anhang S. 104.

[10]) s. im Anhang S. 113.

[11]) statt (Entscheidung des) Justizministers.

bezw.

„Entscheidung der Regierung oder des Regierungspräsidenten“[1])

zu ändern.[2])

Ferner ist in der Überschrift von Spalte 7 des Verzeichnisses A das Wort „beantragt“ zu ersetzen durch „angeregt“; in Spalte 9 des Verzeichnisses B lautet die Überschrift b): „Stellungnahme zur Frage der Begnadigung“.[3])

6. Die Entscheidung in zweifelhaften Fällen wird dadurch eingeholt, daß das Amtsgericht den Fall „einstweilen“ in das Verzeichnis B aufnimmt.[4])

7. Die Vorschriften über Begnadigungsgesuche[5]) bleiben außer Anwendung, da die Prüfung der hier fraglichen Gnadengesuche nicht den Justizbehörden[6]) obliegt.

Wird aber ein Amtsgericht um eine Äußerung über ein solches Gnadengesuch von der Regierung oder dem Regierungspräsidenten ersucht, so hat es sich auch darüber zu äußern, ob die Seite 84 zu 3 bezeichneten Voraussetzungen vorliegen und ob die Sache sich zur Aussetzung der Strafvollstreckung eignet; in das Verzeichnis A ist ein derartiger Fall nicht aufzunehmen.[7])

Wenn dem Amtsgericht mitgeteilt wird, daß die Regierung oder der Regierungspräsident auf ein besonderes Gnadengesuch Strafaussetzung bewilligt hat, ist der Fall nach Ablauf des bewilligten Ausstandes stets in das Verzeichnis B aufzunehmen, und zwar auch dann, wenn das Amtsgericht ihn nicht als zur Begnadigung geeignet erachtet.[8])

---

[1]) statt Antrag des Justizministers.

[2]) § 36 zu b und c in der durch Abs. 2 Ziff. 2 d. RdVf. d. JM. v. 23. Mai 11 abgeänderten Fassung.

[3]) statt Antrag auf Begnadigung und seine Begründung, s. Abs. 3 der RdVf. d. JM. v. 23. Mai 11 — I. 4893 —.

[4]) § 36 zu d, vgl. S. 58 unter Nr. 3 und dortige Anm. 1.

[5]) vgl. S. 66 Anm. 1.

[6]) § 36 zu e, vgl. auch den Wortlaut in § 38 Abs. 2 Satz 1: „soweit ihre (d. i. der Gnadengesuche) Prüfung den Justizbehörden obliegt“.

[7]) § 37 Abs. 1 Satz 1 mit dem dort angezogenen § 36a.

[8]) § 37 Abs. 1 Satz 2 in der durch Abs. 2 Ziff. 3 d. RdVf. d. JM. v. 23. Mai 11

Sollte das Amtsgericht nach Aufnahme des Falles in eines der Verzeichnisse um eine Äußerung über ein Gnadengesuch ersucht werden, so ist in der Äußerung auf die Nummer des Verzeichnisses zu verweisen.[1]) [2]) [3]) [4])

---

abgeänderten Fassung. Eine dahingehende gutachtliche Äußerung ist in Spalte 9 zu b aufzunehmen.

[1]) § 37 Abs. 2. — Über die Mitsendung etwaiger Gnadengesuche gilt das S. 41 Anm. 1 und S. 64 Anm. 5 Gesagte, vgl. § 39.

[2]) Die geschäftliche Behandlung der hier in Rede stehenden Angelegenheiten ist noch durch die an die Regierungspräsidenten und Regierungen gerichteten Allg. Vf. d. Landw.-Min. v. 27. März u. v. 31. Aug. 96 geregelt, vgl. Öhlschläger u. Bernhardt, a. a. O., in Bem. 2 zu § 34 S. 101.

[3]) Siehe noch Art. I Nr. 2 d. Allg. Vf. v. 29. April 07 (JMBl. S. 359) u. vgl. Allg. Vf. v. 24. Sept. 83 (JMBl. S. 304). Forstdiebstahlssachen werden hinsichtlich aller vorgeschriebenen Mitteilungen ohne Rücksicht auf die im Einzelfalle eintretende Strafe als Übertretungen behandelt. Ausgenommen sind nur die Fälle der §§ 6 u. 8 FDG. (gemeinschaftlicher Forstdiebstahl, Forstdiebstahl zum Zweck der Veräußerung, gewerbs- oder gewohnheitsmäßige Hehlerei [bis 6 Mon. Gef.] bez. dritter und fernerer Rückfall [bis 2 Jahre Gef.]), welche als Vergehen zu behandeln sind (Verjährung der Strafvollstreckung gemäß § 70 StGB., vgl. Öhlschläger u. Bernhardt, a. a. O., Bem. 1 zu § 18 S. 55), soweit nicht für das Strafregister besondere Vorschriften vorhanden sind: s. S. 92 Anm. 2 letzter Satz, wonach u. a. Verurteilungen in Forstsachen in das Strafregister nicht aufzunehmen sind, und andererseits die gemäß Art. I Nr. 32 d. Allg. Vf. v. 29. April 07 (JMBl. S. 359) unberührten Allg. Vf. betr. die Mitteilung von Strafnachrichten an ausländische Regierungen, wonach auch Verurteilungen wegen solcher Vergehen mittels Übersendung von Strafnachrichten mitzuteilen sind, bezüglich deren die Aufstellung von Strafnachrichten für das Inland unterbleibt. Über diese allgemeinen Verfügungen s. Müller, a. a. O., Bd. II, S. 1018, 1268 bis 1271 und über die gemäß Art. III Nr. 37 d. Allg. Vf. v. 29. April 07 (JMBl. S. 359) ebenfalls unberührt bleibenden Bestimmungen betr. die Kontrolle der Rückfälle bei Zuwiderhandlungen gegen das FDG. s. Dalcke, a. a. O., S. 925/926 Anm. 10 lit. g zu β u. vgl. Allg. Vf. v. 12. Sept. 81 (JMBl. S. 182).

[4]) Wegen der Frage, ob die nach Maßgabe des Forstdiebstahlsgesetzes ausgesprochene Verpflichtung zum Wertsersatz im Wege der Allh. Gnade erlassen werden kann, und über ihre etwaige Erheblichkeit hier vgl. Öhlschläger u. Bernhardt, a. a. O., Bem. 2 zu § 9 S. 32 u. Bem. 2 zu § 34 S. 100 bez. siehe oben S. 61 Anm. 3 unter lit. c.

Abschnitt III. Schlußbestimmungen.

§ 1. Handhabung der Dienstaufsicht.

Es besteht hier die Vorschrift, daß die Herren Präsidenten der Oberlandesgerichte und der Landgerichte sowie die Oberstaatsanwälte bei Handhabung der Dienstaufsicht, insbesondere auch bei Vornahme ihrer Geschäftsrevisionen, die sachgemäße Erfüllung der einschlägigen Aufgaben seitens der berufenen Beamten genau zu überwachen und sich bei Erstattung der Berichte über den Zustand der Justizverwaltung über die in dieser Beziehung gemachten Erfahrungen zu äußern haben. [1] [2] [3] [4]

---

[1]) § 40 Abs. 1 Satz 3, vgl. auch § 40 Abs. 1 Sätze 1 u. 2: Da es bei dem Umfange des Staates und der dadurch bedingten großen Zahl der vorliegend in Betracht kommenden Verurteilungen für den JM. unmöglich ist, jeden einzelnen Verurteilungsfall mit Bezug auf die Frage, ob er sich für das eingeführte Verfahren eignet, selbständig zu prüfen, so ist den Justizbehörden bei Beurteilung dieser Frage insofern ein erheblicher Einfluß zugestanden worden, als die Aufnahme in die Verzeichnisse zunächst von ihrem Ermessen abhängig gemacht worden ist. Der JM. vertraut, daß dieser Umstand die bezeichneten Behörden zu besonderer Gewissenhaftigkeit bei Ausführung der ihnen obliegenden Prüfung veranlassen wird, so daß einerseits nicht der Gnade Unwürdige zur Begnadigung empfohlen, andererseits aber auch Würdige nicht ausgeschlossen werden.

[2]) Die Präsidenten der Oberlandesgerichte haben bei den Landgerichten und den Amtsgerichten, die Oberstaatsanwälte bei den Staatsanwaltschaften der Landgerichte und bei den Amtsanwälten nach ihrem Ermessen Geschäftsrevisionen vorzunehmen, die Präsidenten der Landgerichte ferner haben die Amtsgerichte des Bezirks mindestens alle vier Jahre einmal zu revidieren (§ 3 bez. § 2 der Allg. Vf. d. JM. v. 24. Mai 80, JMBl. S. 122). — Bei den örtlichen Geschäftsrevisionen der Amtsgerichte ist das Augenmerk insbesondere auch darauf zu richten, ob das Strafaussetzungsverfahren ordentlich gehandhabt wird. Diejenigen Sachen, in welchen jugendlichen Verurteilten bei einer Strafe bis zu 6 Monaten die Wohltat des Instituts versagt worden ist, sind besonders genau zu prüfen.*) Diese eingehende Prüfung ist auch den Landgerichtspräsidenten zur besonderen Pflicht gemacht.*) Die Ersten

---

*) Vgl. die obige Prüfung und die Auffindung der in Betracht kommenden Akten erleichternden Vorschriften in der Gesch.O. f. d. Gerichtsschreibereien der Amtsgerichte v. 11. Okt. 06 (JMBl. S. 304) § 36 (betr. Forstdiebstahlssachen) Abs. 5: „Bei

StA. haben den OStA. periodisch anzuzeigen, wenn von einem Amtsgericht ihres Bezirks innerhalb der Berichtsperiode Verzeichnisse A nicht eingegangen sind; sie haben ihnen zugleich zu berichten, wenn nach sonstigen Wahrnehmungen ein Amtsgericht die ihm durch den Erl. v. 19. Nov. 95 — jetzt die RdVf. v. 12. April 06 — erteilte Ermächtigung nicht sachgemäß angewendet zu haben scheint. Die OStA. haben von Fällen unrichtiger Handhabung des genannten Erlasses — jetzt der gedachten Rundverfügung — den OLGPräs. Kenntnis zu geben, welche geeignetenfalls von dem betreffenden Amtsgericht über sein Verfahren Bericht einzufordern und eventuell auf Abstellung der Mängel hinzuwirken haben (RdVf. v. 1. Aug. 98 — I. 4771 —, vgl. Müller, a. a. O., Bd. II, S. 1281 und dortige Verweisung sowie die flgde. Anm. 3). Vgl. RdVf. d. JM. v. 13. Jan. 02 — I. 5368 — in den Generalakten. — Bei den Revisionen der Gefängnisse ist besondere Aufmerksamkeit der Frage zuzuwenden, ob insbesondere bei jugendlichen Personen von der bedingten Begnadigung in wünschenswertem Maße Gebrauch gemacht wird (RdVf. v. 7. Juli 06 — I. 4815 —, vgl. Müller, a. a. O., Bd. II, S. 1773, Zus. c zu § 1 RdVf. v. 12. April 06 u. S. 1928 oben Zus. d). Dies wird auch sonst überwacht durch die Bestimmung, daß die Gefängnisvorsteher in den ersten drei Tagen eines jeden Monats ein Verzeichnis derjenigen jugendlichen Strafgefangenen (§ 34 III d. Gef.Ord. v. 21. Dez. 98 — JMBl. S. 292 —), welche in dem vorangegangenen Monat in das ihnen unterstellte Gefängnis aufgenommen sind, einzureichen haben, und zwar dem Oberlandesgerichtspräsidenten, wenn die Strafe von einem Amtsgericht, und dem Oberstaatsanwalt, wenn sie von der Staatsanwaltschaft vollstreckt wird. Die OLGPräs. und

---

Beschuldigten, welche zur Zeit der Begehung der strafbaren Handlung das achtzehnte Lebensjahr nicht vollendet hatten, ist im Falle ihrer Verurteilung zu einer 6 Monate nicht übersteigenden Freiheitsstrafe in der letzten Spalte des (nach Abs. 1 über die Straftaten, welche dem Verfahren nach dem Forstdiebstahlsgesetz v. 15. April 78 — GS. S. 222 — unterliegen, formularmäßig zu führenden) Verzeichnisses von dem Gerichtsschreiber kurz zu vermerken, ob gemäß dem All. Erl. v. 23. Okt. 95 (JMBl. S. 348) Strafaufschub beantragt worden ist oder nicht veranlaßt werden soll, z. B. „vgl. Verzeichnis A Febr. 1906 Nr. ...“ oder „Strafaufschub nicht veranlaßt“. Abs. 6 sagt: „Wird eine Strafe im Gnadenwege umgewandelt, ermäßigt oder erlassen, so ist dies in der letzten Spalte zu vermerken“. Abs. 7 endlich bestimmt: „Die Akten, in welchen gegen einen Beschuldigten unter 18 Jahren (Abs. 5) der Erlaß eines Strafbefehls beantragt oder besondere Anklage erhoben wird, sind durch Aufkleben eines gelben, mit dem Worte „Jugendlich“ bedruckten Zettels kenntlich zu machen.“ Bei einer Eintragung ferner in die Spalten 4 b bis 4 d des nach § 37 für die übrigen Strafsachen einschließlich der Privatklagesachen zu führenden „Strafprozeßregisters“ ist die Spalte 2 c, wenn der Beschuldigte zur Zeit der Begehung der strafbaren Handlung das achtzehnte Lebensjahr nicht vollendet hatte, durch Angabe des Geburtstages des Beschuldigten auszufüllen. Im übrigen finden die gedachten Vorschriften des § 36 Abs. 5 bis 7 Anwendung (vgl. § 37 Abs. 12). Vgl. die ähnlichen Vorschriften in der Gesch.O. für die Sekretariate der Staatsanwaltschaften bei den Landgerichten v. 12. Nov. 06 (JMBl. S. 485) in § 24 Abs. 8 vbd. mit § 23 (betr. Register für Strafsachen), § 24 Abs. 9, § 23 Abs. 22 letzter Satz, und OStA. Breslau 2. Jan. 01: mittels Buntstift Aufschrift „Jugendlich“ auf dem Aktendeckel und Unterstreichung im K. L. M. Register, in diese — Sp. Bemerkungen — Eintragung von Vermerken wie „Jugendlich“, „Vollstreckung StA.“, „Strafaussetzung“, „Vollstreckung JM.“, „Widerruf“. — Vgl. noch das Schreiben des JM. an den OLGPräs. u. OStA. in Breslau v. 20. Okt. 02 — I. 5777 — in den Generalakten.

§ 2. Statistik.

a) **Formular** C.[5])

1. Durch die Rundverfügung des Justizministers vom 20. Mai 1899 Nr. 2 I. 2039, betreffend statistische Nachweisungen,[6]) ist angeordnet, daß unter Benutzung des zugleich eingeführten Formulars „C" — St. A. 197[7]) — alljährlich bis

---

die OStA. haben die eingereichten Verzeichnisse daraufhin zu prüfen, ob sie zum Einfordern der Akten Anlaß geben. Ergibt die Prüfung der Akten, daß die Anwendung des All. Erl. geboten gewesen wäre, so ist das Erforderliche im Dienstaufsichtswege zu veranlassen, vgl. RdVf. v. 19. Nov. 08 — I. 6509 — (eine gleiche Vf. d. Min. d. Inn. v. 16. Nov. 08 ist abschriftlich mitgeteilt durch RdVf. v. 30. Nov. 08 — I. 5680 —), vgl. Müller, a. a. O., Bd. II, S. 1773, Zus. d zu § 1 RdVf. v. 12. April 06.

[3]) Für den Oberlandesgerichtsbezirk Breslau ist folgendes angeordnet. Vf. d. OStA. v. 2. Dez. 95 — I. 93./A. I. 5024 —. Im Juli und Januar jeden Jahres haben die Ersten Staatsanwälte dem Oberstaatsanwalt anzuzeigen die Zahl derjenigen Personen, für welche im Landgerichtsbezirk a) Strafaussetzung und b) nachherige Begnadigung im verflossenen Halbjahr erbeten worden ist. Vf. d. OStA. v. 11. Aug. 98 — I. 93./A. I. 3858[1] — und v. 15. Okt. 98 — I. 93./A. I. 4929. Die „Anzeigeperiode" in dem Erl. d. JM. v. 1. Aug. 98 (vgl. die vorhergehende Anm. 2) ist ein Kalenderquartal. Es genügt die Einreichung einer bloßen „Fehlanzeige", wenn in der Berichtsperiode Wahrnehmungen der in dem Ministerialerlaß gedachten Art nicht gemacht sind, und es genügt die Überreichung einer „tabellarischen Übersicht" hinsichtlich derjenigen Gerichte, von denen in der Berichtsperiode Anträge auf Aussetzung des Strafvollzuges nicht gestellt sind. — Zu berichten ist hiernach nur, wenn angenommen wird, daß seitens eines Amtsgerichts die ihm durch den Erlaß v. 19. Nov. 95 — jetzt die RdVf. v. 12. April 06 — erteilte Ermächtigung in bestimmten Fällen nicht sachgemäß angewendet wird. In diesen Fällen sind dann die Akten beizufügen.

[4]) Zu den Anmerkungen 2 und 3 hier vgl. Art. III Nr. 37 der wiederholt genannten Allg. Vf. v. 29. April 07 (JMBl. S. 359), wonach unberührt bleiben die Vorschriften, durch die für gewisse Angelegenheiten Berichterstattungen angeordnet sind, und ebensowenig die Vorschriften betroffen werden, welche für einzelne Bezirke besondere Mitteilungen vorschreiben oder nachlassen.

[5]) Obiges Formular wurde eingeführt, weil die in den Verzeichnissen A und B zu statistischen Zwecken enthaltenen Angaben (vgl. S. 38 Anm. 5, S. 61 Anm. 2) nicht ausreichend erschienen, s. Müller, a. a. O., Bd. II, S. 1780, Zus. a zu Nr. 3. Das frühere Formular „C" hatte zu enthalten eine „Übersicht derjenigen Personen, für welche nach erfolgter Aussetzung der Strafvollstreckung durch das vorgelegte Verzeichnis eine Begnadigung erbeten wird". Vgl. hierzu Ziff. IV Abs. 4 Satz 2 d. Allg. Vf. v. 19. Nov. 95 (vgl. S. 12) nebst mit Musterbeispiel ausgefülltem Formular in den Generalakten. Vgl. auch die Vf. d. JM. v. 19. Febr. 00 — I. 1020 — in den Generalakten.

[6]) vgl. § 41.

[7]) s. im Anhang S. 115—117. Die Angabe der Einrichtung des Formulars „C"

zum 15. Januar von jeder Staatsanwaltschaft über diejenigen Fälle von Strafaussetzungen, welche nicht zur Begnadigung geführt haben,[1]) dem Justizminister ohne Beifügung der Unterlagen summarisch Mitteilung zu machen ist[2]) durch Übersendung einer den ganzen Landgerichtsbezirk umfassenden Übersicht. Diese enthält die vom Ersten Staatsanwalt zu veranlassende Zusammenstellung der Ergebnisse aus den ihm am Jahresschlusse zuvor übermittelten Übersichten der einzelnen Amtsgerichte[3]) und aus den eigenen der Staatsanwaltschaft. Eine etwaige „Fehlanzeige" kann durch einen kurzen Vermerk auf dem gleichzeitig überreichten Verzeichnis A für den vorhergehenden Dezember erstattet werden.

2. Die Rundverfügung des Justizministers vom 14. Juli 1900 Abs. 3 I. 4337, betreffend statistische Nachweisungen,[4]) bestimmt, daß Fälle, in denen der Minister für Landwirtschaft, Domänen und Forsten die bedingte Strafaussetzung erteilt hat,[5]) in dem in Rede stehenden Formular nicht mitzuzählen sind.[6])

b) Rückfälligenliste.

Nach der Rundverfügung des Justizministers vom 20. Juli 1903 I. 1737, betreffend die Statistik der Rückfälle,[7]) sollen —

---

im einzelnen erübrigt hier. Soweit es auf seinen Inhalt vorliegend ankommt, ist er S. 51 Anm. 1 mitgeteilt.

[1]) z. B. während der Bewährungsfrist durch Amnestie (d. i. Begnadigung ganzer Klassen) oder Widerruf, oder nach Ablauf dieser Frist, weil eine Begnadigung nicht angezeigt erscheint, durch Einleitung der Strafvollstreckung oder durch den Tod oder die Flucht des Verurteilten oder auf andere Weise, z. B. Verjährung.

[2]) Vgl. auch Art. III Nr. 37 der Allg. Vf. v. 29. April 07 (JMBl. S. 359), wonach unberührt bleiben die Vorschriften, durch die für gewisse Angelegenheiten Mitteilungen zu statistischen Zwecken angeordnet sind.

[3]) Die rechtzeitige Einreichung seitens der Amtsgerichte an den I. StA. ist demnächst eingeschärft durch RdVf. d. JM. v. 16. Febr. 01 — I. 885 (in den Generalakten). — Vgl. auch S. 70 Anm. 4 letzter Abs.

[4]) vgl. § 41.

[5]) vgl. aber S. 83 u. Anm. 3 dort. Darnach handelt es sich jetzt um die Fälle, in denen die Regierung oder der Regierungspräsident die bedingte Strafaussetzung erteilt hat.

[6]) Obige RdVf. ist abgedr. bei Müller, a. a. O., Bd. II, S. 1780 als Zus. b zu Nr. 3. Vgl. Nr. 4 d. Erl. d. JM. v. 16. März 96 — I. 1600a —.

[7]) vgl. § 41. Zur Erläuterung ist ergangen die RdVf. v. 6. Okt. 05 — I. 2426 —, abgedr. bei Müller, a. a. O., Bd. II, S. 1782 unter Nr. 7.

zwecks Feststellung der Wirkungen der vorläufigen Strafaussetzungen [1]) — fortlaufende Erhebungen darüber stattfinden, wieviele derjenigen Personen, welchen auf Grund des Allerhöchsten Erlasses vom 23. Oktober 1895 Strafaussetzung gewährt worden war, in dem Jahre ihrer Verurteilung oder in den folgenden fünf Kalenderjahren wiederum eine Straftat begangen haben und deshalb verurteilt worden sind. Die Statistik soll sich auf die in Preußen geborenen Personen, welche daselbst bedingte Strafaussetzung erhalten hatten, und auf die Fälle beschränken, in welchen sowohl die frühere als auch die spätere Verurteilung in das „Strafregister" aufzunehmen ist.[2]) [3])

---

[1]) vgl. Müller, a. a. O., Bd. II, S. 1781 unter Nr. 6.

[2]) in Gemäßheit der Verordnung des Bundesrats v. 16. Juni 82 (JMBl. S. 207), abgeändert durch Verordnung v. 9. Juli 96 (JMBl. S. 265, 267). Nach § 2 Abs. 1 sind in die Register aufzunehmen alle durch richterliche Strafbefehle, durch polizeiliche Strafverfügungen, durch Strafurteile der bürgerlichen Gerichte einschließlich der Konsulargerichte (über Konsulargerichte s. d. Reichsges. v. 7. April 00, RGBl. S. 213 u. vgl. Müller, a. a. O., Bd. I, S. 2 unter Nr. 3, vgl. auch § 7 Abs. 2 der angezogenen Bundesratsverordnung), sowie durch Urteile der Militärgerichte (über militärgerichtliche Strafnachrichten s. Marck u. Kloß, a. a. O., S. 455/456 unter V, b u. Müller, a. a. O., Bd. II, S. 1010 Zus. zu § 6 der Bundesratsverordnung, vgl. S. 69 Anm. 10) ergehenden Verurteilungen wegen Verbrechen, Vergehen und wegen der in § 361 Nr. 1 bis 8 des StGB. vorgesehenen Übertretungen, ferner nach § 3 Ziff. 1 die gemäß § 362 Abs. 2 StGB. ergehenden Beschlüsse der Landespolizeibehörden über die Unterbringung verurteilter Personen in ein Arbeitshaus oder deren Verwendung zu gemeinnützigen Arbeiten (vgl. S. 23 Anm. 4), endlich nach § 3 Ziff. 2 die aus dem Auslande eingehenden Mitteilungen über dort erfolgte Verurteilungen (über den Austausch von Strafnachrichten mit ausländischen Regierungen vgl. Ziff. 2, 29 d. Ausf. Vf. v. 7. Sept. 96, JMBl. S. 294, s. Müller, a. a. O., Bd. II, S. 1018, 1268 bis 1271 sowie Engelmann, a. a. O., S. 61 bis 63 u. Nachtrag S. 7; vgl. hierzu Begr. zum Vorentw. S. 352 u. ferner S. 87 Anm. 3, vgl. auch S. 20 Anm. 4). — Die Vermerke sind nach § 8 in den Fällen der §§ 2 Abs. 1 und 3 Ziff. 1 als Strafnachricht „A" (s. im Anhang S. 107, 108) bez. „B" (vgl. Muster eines Formulars — Papier von blauer Farbe — bei Krobitzsch, a. a. O., S. 29/30) zu bezeichnen. Der Inhalt mehrerer dieselbe Person betreffenden Vermerke, ausgenommen über Verurteilungen im Auslande, kann, — in Preußen hat dies stets zu geschehen (Ziff. 13 der Ausführungsverfügung v. 7. Sept. 96, JMBl. S. 294) —, in eine Strafliste übertragen werden (§ 15 Abs. 2 u. 5 der Bundesratsverordnung, vgl. S. 68 Anm. 9 unter II). Die Verurteilungen in Privatklagesachen und wegen der übrigen in § 2 Abs. 2 der zit. Bundesratsverordnung bezeichneten Vergehen (vgl. S. 107 Anm. **)) sind in das Strafregister nicht aufzunehmen und daher in der Rückfälligenliste nicht zu berücksichtigen (vgl. noch S. 43 Anm. 2).

1. Vorschriften für das Strafregister.

α) Zum angegebenen Zweck sind in den eben gedachten Fällen von der Registerbehörde die Gelbzettel bis zum Ablauf der auf das Jahr der Verurteilung folgenden fünf Kalenderjahre aufzubewahren.[4]) Statt dessen darf jedoch ein Strafaussetzungsvermerk zum Strafregister gemacht werden, indem bei der bezüglichen Eintragung unter die Bezeichnung der erkannten Strafe das Wort „Strafaufschub" in farbiger Tinte gesetzt wird; der Gebrauch eines Stempels ist zulässig.[5])

β) Geht innerhalb der bezeichneten fünfjährigen Frist eine Strafnachricht „A" [6]) ein, so hat die Registerbehörde hiervon derjenigen Strafvollstreckungsbehörde, welche den Gelbzettel eingesandt hatte, auch nach Ablauf der Bewährungsfrist Mitteilung zu machen.[7])

2. Vorschriften für die Strafvollstreckungsbehörden.

α) Ergibt die Prüfung der gemäß 1 β benachrichtigten Strafvollstreckungsbehörde, daß die neue Straftat nach der früheren Verurteilung begangen ist, so hat diese Strafvollstreckungsbehörde die Einstellung des Verurteilten in die nach dem amtlichen Formular St. A. 198 zu führende „Rückfälligenliste" [8]) zu verfügen.

---

[3]) vgl. S. 43 Anm. 4 unter I, a.

[4]) vgl. S. 43 Anm. 4 unter I, a u. I Nr. 1 Abs. 1 der RdVf. v. 20. Juli 03, abgedr. bei Müller, a. a. O., Bd. II, S. 1781/1782 unter Nr. 6.

[5]) I Nr. 1 Abs. 2 der hier Anm. 4 genannten RdVf.

[6]) s. § 8 der S. 92 in Anm. 2 gedachten Bundesratsverordnung und dazu das Formular im Anhang S. 107, 108.

[7]) I Nr. 2 der RdVf. v. 20. Juli 03, vgl. S. 43 Anm. 4 unter I, b, β.

[8]) II Nr. 1 der RdVf. v. 20. Juli 03 und das Formular im Anhang S. 118—120. Die Angabe der Einrichtung des Formulars im einzelnen erübrigt hier, vgl. noch die S. 91 Anm. 7 angezogene RdVf. v. 6. Okt. 05 betr. Aufstellung der Rückfälligenlisten, in welcher unter Nr. 2 hervorgehoben wird, daß die Einstellung des neu Verurteilten in die Rückfälligenliste nicht zu unterbleiben hat, wenn der früher erteilte Strafaufschub widerrufen worden ist oder sonst zu einer Begnadigung nicht geführt hat, und unter Nr. 3 bestimmt ist: Wird einem Verurteilten, dem bedingter Strafaufschub erteilt war, innerhalb des bei Aufstellung der Rückfälligenliste zu berücksichtigenden Zeitraums

β) Das Verzeichnis wird jahrgangsweise geführt [1]) und ist bis zum 15. Februar des folgenden Kalenderjahres abzuschließen.[2])

Die Eintragungen des Verzeichnisses werden von dem Sekretär der Staatsanwaltschaft oder von dem Gerichtsschreiber des Amtsgerichts bewirkt.[3]) Aus den Listen des Amtsgerichts und der Staatsanwaltschaft wird von dem Ersten Staatsanwalt ein Hauptverzeichnis gebildet,[4]) und dieses wird bis zum 1. März an die Geheime Kalkulatur des Justizministeriums unter Briefumschlag eingesandt.[5]) Die Einzelverzeichnisse sind bis auf weitere Anordnung aufzubewahren.[6])

γ) Geht nach Übersendung der Verzeichnisse an den Ersten Staatsanwalt die Nachricht über eine im Vorjahre rechtskräftig gewordene Verurteilung bei dem Amtsgericht ein, so wird der Verurteilte in ein besonderes Verzeichnis aufgenommen und dieses an den Ersten Staatsanwalt nachgesandt. Ist die Aufnahme in das Hauptverzeichnis nicht mehr zu bewirken, so wird das Verzeichnis der Geheimen Kalkulatur des Justizministeriums nachträglich übersandt. Ebenso ist zu verfahren, wenn bei der Staatsanwaltschaft die Nachricht über eine im Vorjahre ergangene Verurteilung verspätet eingeht.[7]) [8]) [9]) [10])

---

wiederum bedingter Strafaufschub erteilt, so ist als Ausgangspunkt für die Feststellung der Rückfälligkeit nur die erste, nicht auch eine spätere Strafaufschubserteilung zu berücksichtigen. Dies gilt auch dann, wenn bei Eintritt der Rechtskraft eines neuen Strafurteils der zu berücksichtigende Zeitraum hinsichtlich der ersten Strafaufschubserteilung verstrichen ist, hinsichtlich der späteren aber noch laufen würde.

[1]) II Nr. 2 Satz 1 der RdVf. v. 20. Juli 03.

[2]) II Nr. 3 Abs. 1 Satz 1 der RdVf. in Anm. 1 hier.

[3]) II Nr. 2 Satz 2 der RdVf. in Anm. 1 hier.

[4]) II Nr. 3 Abs. 2 Sätze 1 u. 2 der RdVf. in Anm. 1 hier.

[5]) II Nr. 3 Abs. 2 Sätze 2 u. 3 der RdVf. in Anm. 1 hier. — Vgl. auch S. 70 Anm. 4 letzter Abs.

[6]) II Nr. 3 Abs. 2 Satz 4 der RdVf. in Anm. 1 hier. — Vgl. auch S. 70 Anm. 4 letzter Abs.

[7]) II Nr. 4 der RdVf. in Anm. 1 hier.

[8]) Über den Umfang und die Ergebnisse der bedingten Begnadigung sind dem Reichstage seit 1899 alljährlich vom Staatssekretär des Reichsjustizamtes Zusammenstellungen vorgelegt worden. Schon im Jahre 1904 ruft Mittermaier aus: „Ist nicht der durch die Veröffentlichungen des Reichsjustizamts gezeigte Erfolg ein sehr ermutigender", vgl. auch Graf zu Dohna, welcher aus dieser Statistik die

günstigen Erfolge der Maßregel entnimmt (Aschaffenburgs Monatsschrift I, S. 73 bez. 52 ff.) u. Klee in d. ZStW. 24, 80 ff.; 26, 458 ff. Die Zusammenstellung v. 30. März 09 (Aktenstück Nr. 1321, Verh. d. Reichstags 1907/1909, XII. Legisl.Per., I. Sess., Bd. 254, Anlage zu den stenogr. Berichten, S. 7966 bis 8011) hebt mit erfreulichem Nachdruck hervor, daß „die Einrichtung der bedingten Begnadigung insofern erfolgreich gewesen, als immerhin in über vier Fünfteln aller Fälle die Betroffenen von der Freiheitsstrafe und den damit verbundenen schädlichen Folgen bewahrt geblieben, ferner nicht unerhebliche Kosten erspart worden sind" (a. a. O. S. 7963; vgl. Dr. Lohmann in Aschaffenburgs Monatsschrift VIII, S. 43 ff. u. Klee, Bedingte Begnadigung, in Stengel-Fleischmann, Wörterbuch des deutschen Staats- u. Verwaltungsrechts Bd. I, S. 384 ff.). Die ganze Bedeutung jenes Erfolges wird aber erst recht klar, wenn man sich vergegenwärtigt, daß unter letzteren Folgen nicht nur die unmittelbaren zu begreifen sind, welche dadurch entstehen können, daß der Verurteilte mit dem vom Gefängnis ausgehenden kriminellen Ansteckungsstoff in Berührung kommt und damit eben nur zu leicht ein Rekrut des großen Verbrecherheeres zu werden Gefahr läuft (vgl. Auer, Zur Psychologie der Gefangenschaft, München, C. H. Beck, 1905), sondern auch die mittelbaren unvermeidlichen Folgen des Vollzuges von Freiheitsstrafen überhaupt: der schwere Eingriff in die soziale Stellung und die Beeinträchtigung des Fortkommens des Verurteilten, der „gesessen hat" (vgl. Pollitz, Psychologie des Verbrechers, Leipzig, B. G. Teubner, 1909, S. 103 und Auer, Soziales Strafrecht, München, C. H. Beck, 1903, S. 30 u. 31; vgl. auch v. Sichart, Die Freiheitsstrafe im Anklagestande und ihre Verteidigung, Heidelberg, Carl Winter, 1904, S. 11), und daß diese Folgen verhütet worden sind bei gleichzeitiger Erreichung des (hier vornehmlich auf Besserung gerichteten) Strafzweckes; vgl. Seuffert (Ein Neues Strafgesetzbuch für Deutschland, München, Beck, 1902, S. 69), welcher noch ausführt, daß der Versuch der Einfügung der bedingten Begnadigung als Mittel im Kampfe gegen das Verbrechertum sich glänzend bewährt hat (a. a. O. S. 73) und Wulffen, der bei Besprechung der „Stellungnahme der Kommission für die Reform des Strafprozesses zur bedingten Begnadigung und bedingten Verurteilung" bemerkt: Wir können mit dem Entwicklungsgang der bedingten Begnadigung in Deutschland außerordentlich zufrieden sein (Aschaffenburgs Monatsschrift III (1907), S. 129 ff., 136). Aus der gedachten Zusammenstellung ergibt sich aber schließlich als Erfolg nicht nur die bereits betonte Ersparnis an Kosten, sondern es ist auch eine wohltätige Einschränkung der Vollstreckung kurzer Freiheitsstrafen erzielt: sog. „Strafökonomie" und damit gleichzeitig eine Verstärkung der generalprävenierenden Wirkung derartiger Strafdrohungen.

[9]) Eine kritische Besprechung des Instituts der bedingten Begnadigung gibt Meves (a. a. O. S. 23 bis 26), wobei er eine Reihe von Bedenken äußert. Er empfiehlt als Ersatz bei kürzeren Freiheitsstrafen strenge Durchführung der Isolierhaft, sonst aber namentlich bei jugendlichen Verbrechern nach dem Vorgange des Preuß. Forstdiebstahlsgesetzes, daß dem Übeltäter Gelegenheit gegeben werde, die Strafzeit in gemeinsamer Arbeit mit Altersgenossen unter steter Aufsicht eines pädagogisch gebildeten und mit entsprechenden Machtvollkommenheiten ausgestatteten Erziehers zu verbringen. Selbst wenn nun jene Bedenken, die hier auf sich beruhen können, gerechtfertigt wären, so ist es jedenfalls zu weitgehend, schon jetzt nach Ersatz zu suchen für ein Institut, über dessen Wirkungen die bisherigen, verhältnismäßig kurzen

Erfahrungen ein abschließendes Urteil noch nicht zulassen, während man damit nach der vorliegenden sorgfältigen Statistik eher günstige Resultate erzielt hat (vgl. Anm. 8 hier). Immerhin anerkennt auch Meves (a. a. O. S. 2) die Vorteile der bedingten Begnadigung vor der (z. B. in Frankreich auf Grund der Loi Bérenger von 1891 aufgenommenen) bedingten Verurteilung*), [bei welcher dem erkennenden Gerichte auch die Entscheidung darüber zugewiesen ist, ob die Vollstreckung der auszusprechenden Strafe zunächst auszusetzen, der Erlaß der Strafe aber mehr oder weniger automatisch eintritt, vgl. S. 12 Anm. 1], und stimmt insoweit im Ergebnis überein mit Lucas, welcher im zweiten Teile seiner „Anleitung zur strafrechtlichen Praxis" (Berlin, Otto Liebmann, 3. Auflage, 1912) beim Vergleich beider Institute der bedingten Begnadigung aus ähnlichen Gründen wie Meyer (Lehrb. d. dtsch. Strafr., 6. Aufl., bearb. v. Ph. Allfeld, Leipzig 1907, S. 325 Anm. 19) den Vorzug einräumt (a. a. O. S. 55). Vgl. ferner Binding (Grundriß d. dtsch. Strafr., Allg. Teil, 7. Auflage, Leipzig, Wilhelm Engelmann, 1907, S. 318 Anm. 1), die Kommission für die Reform des Strafprozesses (a. a. O. Bd. 2, S. 305 ff.), die Zusammenstellung der Gutachten der Preußischen Oberlandesgerichtspräsidenten und Oberstaatsanwälte über die sogenannte „bedingte Verurteilung" (JMBl. 1890, S. 177 ff.) sowie unter den Gegnern der bedingten Begnadigung besonders v. Liszt (a. a. O. S. 54 ff.) zu dieser Frage (vgl. noch Loebell und Dr. Stenglein, Verhandlungen des 21. Deutschen Juristentages, Bd. III, S. 290 ff., s. weiter v. Hippel in d. Ztschrft. f. d. ges. Strafrechtswiss. Bd. 30, S. 908), auf welche indes hier nicht näher eingegangen werden kann, weil dies dem Zweck vorliegender Arbeit widerstreitet (vgl. aber auch Kahl, Verhandlungen des 26. Deutschen Juristentages, Bd. III, S. 229). Erwähnt sei nur noch, — abgesehen von einem vermittelnden Vorschlag (Wach in der DJZ. 4, 120 u. dagegen v. Liszt, a. a. O., S. 52 ff.), wonach den Gerichten die Entscheidung über die Strafaussetzung, der Verwaltungsinstanz aber die über den endgiltigen Straferlaß zu übertragen sein würde —, daß der „Vorentwurf zu einem Deutschen Strafgesetzbuch" in den §§ 38 bis 41 die bedingte Verurteilung aufgenommen hat (vgl. hierzu die „Begründung" Bd. I, Berlin, J. Guttentag, 1909, S. 130 bis 147, Aschrott in dem Buch „Die Reform des Reichsstrafgesetzbuchs. Kritische Besprechung des Vorentwurfs zu einem Strafgesetzbuch für das Deutsche Reich usw." Bd. I, S. 128 bis 140 und die §§ 92 bis 94 bez. 354 in dem von den Professoren Kahl, v. Lilienthal, v. Liszt u. Goldschmidt aufgestellten „Gegenentwurf zum Vorentwurf eines deutschen Strafgesetzbuchs", Berlin [J. Guttentag], 1911 nebst „Begründung" zu diesem Gegenentwurf: I. Buch, Allg. Teil, S. 122 bis 125 und II. Buch, Allg. Teil, S. 327). Mag man nun die durch Verwaltungsnormen geregelte „bedingte Begnadigung" lediglich als eine Vorstufe innerhalb der Entwicklung zur im Wege des Gesetzes auszugestaltenden und einzuführenden „bedingten Verurteilung" annehmen (vgl. Berner, Lehrb. d. dtsch. Strafr., 18. Aufl., Leipzig, 1898, Verlag von B. Tauchnitz, S. 347, v. Bar, Gesetz und Schuld im Strafrecht, Berlin, J. Guttentag, 1907, Bd. II, S. 60, Anm. 129a u. Aschaffenburg, a. a. O. S. 250, 274), zunächst hat jene Einrichtung den Sieg davongetragen, seit ihrem Bestehen zahlreiche Freunde sich erworben, anscheinend im allgemeinen sich gut bewährt und

*) Wegen der einschlägigen Literatur s. Generalregister zur ZStW. Bd. I (1893) S. 135, 136 u. Bd. II (1905) S. 87 u. die einzelnen Jahrg. v. Warneyers Jahrb. d. Entsch., Ausg. B Strafrecht u. Strafprozeß, unter „Reform d. StGB. bez. StPO."

dem Rechtsgefühle des Volkes Genüge geleistet (vgl. auch Krauß, a. a. O. S. 350 ff., 355, 356 u. Grüder, Die strafrechtliche Behandlung von Kindern und Jugendlichen, Frankfurt a. M., 1911, Verlag Adolf Diekmann, S. 93 sowie Pollitz in den BlGefK. Bd. 44, S. 680, 681 u. du Roi daselbst S. 697 bis 702). Wir sollten uns daher, so lange das Institut praktisch in Geltung ist, freuen an diesem „Werk der Gerechtigkeit zum Nutzen des Staates und Volkes". Daß wir darüber die Weiterarbeit nicht vergessen und im Verfolg der auch von unserem Altmeister v. Liszt vertretenen Entwicklungstheorie das Bessere, nachdem wir es als solches erkannt, an die Stelle des Guten setzen, ist naturnotwendiges Gebot.

[10]) Anhangsweise wird noch bemerkt, daß die neue Strafrechtskommission im Reichsjustizamt, welche nun den den gesetzgebenden Körperschaften vorzulegenden amtlichen Entwurf vorbereiten soll, nach einem im „Reichsanzeiger" veröffentlichten Bericht bei Beratung der §§ 26 bis 57 erwähnten Vorentwurfs u. a. beschlossen hat, daß

a) die „bedingte Strafaussetzung" unter den in diesem Entwurf (§§ 38, 39) bezeichneten Voraussetzungen zulässig sein soll, jedoch nicht bei Ersatzfreiheitsstrafen, wie dies § 41 vorschlug, sowie

b) die §§ 50 bis 52 über die „Rehabilitation" nach der Richtung ausgebaut werden sollen, daß erstmalig gelöschte Freiheitsstrafen die Zulässigkeit einer späteren bedingten Strafaussetzung nicht ausschließen.

Eine allgemeine Übersicht des Vorentwurfs gibt u. a. Feisenberger S. 181 ff. in Nr. 16 d. Z. I (1910). Darin werden die hier hervorgehobenen Institute knapp, aber anschaulich dargestellt (a. a. O. S. 183, 184), worauf der Praktiker zur ersten Orientierung hingewiesen werden mag.

Weiter sei erwähnt die de lege ferenda aufgeworfene Frage, ob bei den Schwurgerichten die Geschworenen oder die mitwirkenden Berufsrichter über eine probeweise oder bedingte Strafaussetzung entscheiden sollen; vgl. dazu Pfister in der DJZ. 16, 1495 und Pusturoslew im ArchRPhilos. 5, 62 ff. — Einen interessanten Vorschlag endlich macht Bretzfeld, Gedanken zur Strafrechtsreform (BayZ. 3, 431). Dem Opportunitätsprinzip stehen bekannte Bedenken entgegen. Die bedingte Begnadigung (bedingte Verurteilung) läßt u. a. die häufig nachteilige öffentliche Erörterung des Straffalles nicht vermeiden. Um nun die Vorzüge dieser Einrichtung und der Einführung ersteren Prinzips zu vereinigen bei gleichzeitiger Vermeidung jener Nachteile, soll geeignetenfalls nach Erhebung der Anklage auf entsprechenden Antrag der Staatsanwaltschaft oder entgegen einem andersartigen Antrage die Eröffnungskammer befugt sein, dem Angeschuldigten eine — widerrufliche — Bewährungsfrist zu bewilligen, und nach deren Beendigung je nach der Führung des Angeschuldigten entweder das Hauptverfahren durchgeführt oder unter gutachtlicher Äußerung die Entscheidung der Krone herbeigeführt werden.

Anhang.

Formulare.*) **) ***)

Verzeichnis der Ministerial-Verfügungen.

*) Gemäß 1 der Allg. Vf. des JM. v. 29. Sept. 98 (JMBl. S. 246) sind von der Regelung dieser Verfügung u. a. die in den Bestimmungen über die Strafregister sowie in den Anordnungen über die Bewilligung von Strafaussetzungen gemäß dem All. Erl. v. 23. Okt. 95 vorgeschriebenen Formulare unberührt geblieben. (Vgl. die Allg. Vf. v. 10. Nov. 94, JMBl. S. 312 u. f. hier die Formulare St. A. Nr. 47 (46), 50 bis 53, 194, 195, 197 u. 198). Vgl. noch die Allg. Vf. v. 14. Aug. 08 (JMBl. S. 329) u. hier die Formulare Nr. 64a, 65 bis 68.

**) Diejenigen Stellen, welche bei Benutzung des betr. Formulars handschriftlich auszufüllen sein würden, sind bei der beispielsweisen Ausfüllung mit *Kursivschrift* gedruckt. Sodann sind wie bei Weizsäcker (a. a. O. S. XIII unter Nr. 1) in der nachfolgenden beispielsweisen Ausfüllung diejenigen Stellen des Textes, welche bei handschriftlicher Benutzung des Formulars zu durchstreichen gewesen wären, mit eckigen Klammern [ ] eingeschlossen. Zusätze, Bemerkungen u. dgl., welche nur zur Erläuterung dienen und nicht zum Texte oder der Ausfüllung des Formulars gehören, sind in besondere Anmerkungen aufgenommen und dadurch kenntlich gemacht.

***) Die mitgeteilten Formulare sind erhältlich bei der Schlesischen Druckerei-Genossenschaft, e G. m. b. H., in Breslau II. Dies wird bemerkt mit Rücksicht auf nach Erscheinen der ersten Auflage wiederholt an mich gerichtete dahingehende Anfragen.

1. Formular St. A. 64a.*)

(Anfrage wegen der Familienverhältnisse pp. im Ermittelungsverfahren gegen Jugendliche).

[Seite 1].

Der Erste Staatsanwalt. — [Amtsanwalt.]

4. J. 72./11.

Kattowitz, den *4. Februar* 191*1*.

Strafsache wider *Karkoschka*.

Der *Grubenarbeiter Franz Karkoschka* aus *Bogutschütz, Franzelstrasse Nr. 29*, geboren am *25. März 1895* in *Zawodzie*, Sohn — [Tochter] — des *Häuers Paul Karkoschka und der Marie, geb. Wlodzik*, ist des *Diebstahls und der vorsätzlichen Körperverletzung* verdächtig. Nach Lage des Falles ist es angezeigt, schon jetzt zu prüfen, ob im Falle der Verurteilung auf Grund des Allerhöchsten Erlasses vom 23. Oktober 1895 die Aussetzung der Strafvollstreckung auf längere Zeit und bei guter Führung während dieser Zeit die Begnadigung oder Strafmilderung zu beantragen sein würde.

Zu diesem Zwecke ersuche ich um Beantwortung der umstehenden Fragen.

I. A.

N.

Nach Beantwortung der Fragen
an
den Herrn Ersten Staatsanwalt
[Amtsanwalt]
in
Beuthen O./S.
zurückgesandt.

Bogutschütz, den *13. Februar* 191*1*.

Der Amtsvorsteher.

X.

An
[das Polizeipräsidium]
den Herrn Amtsvorsteher
[die Polizeiverwaltung]
in
Bogutschütz.

---

*) vgl. S. 25 Anm. 7.

[Seiten 2 u. 3].

Anfrage.	Beantwortung.
1. Ist der Beschuldigte durch Leichtsinn, Unbesonnenheit, Unerfahrenheit, infolge von Verführung, oder aber durch Verdorbenheit und verbrecherische Neigungen zu dem Fehltritte veranlaßt worden?	*durch Leichtsinn.*
2. Wie war das Vorleben des Beschuldigten, namentlich die Führung in Schule, Haus oder Berufsstellung? (Von Lehrherren und Arbeitgebern sind möglichst Zeugnisse einzuholen).	*einwandfrei; ein Zeugnis des Dienstherrn liegt bei.*
3. In welcher Umgebung würde der Beschuldigte während der Probezeit leben? Welchen Leumund haben die Eltern—[der Lehrherr] — Dienstherr? Ist anzunehmen, daß diese erziehlich auf *ihn* einwirken würden?	*bei seinen Eltern.* *einen guten.* *ja.*
4. Erfordert das eigene Interesse des Beschuldigten die sofortige Vollstreckung der Strafe, besonders weil er [sie] eine Stelle antreten, eine Reise ins Ausland unternehmen, ins Heer oder in die Marine eintreten will?	*nein.*
5. Glaubensbekenntnis. Eingesegnet? wann? in welcher Kirche? von welchem Geistlichen?	*katholisch.* *1. April 1907.* *Pfarrkirche in Bogutschütz.* *Pfarrer Skowronek.*
6. Familienverhältnisse. Ehelich oder unehelich geboren? Name und Stand der Eltern. Diese leben? wo? oder sind gestorben? wann? Wo erzogen? bei den Eltern? in welcher Familie? in welcher Anstalt?	 *ehelich.* *Häuer Paul Karkoschka u. Marie, geb. Wlodzik.* *ja, in Bogutschütz.* *in Bogutschütz bei den Eltern.*
7. Bevormundet durch? Gericht, bei welchem die Vormundschaft schwebt?	—
8. In welcher Schule Schulunterricht genossen?	*katholische Volksschule in Bogutschütz.*
9. Ort und Zeit des Aufenthalts seit der Geburt?	*Bogutschütz.*
10. Bisherige Beschäftigung, Gewerbe, Dienst?	*Grubenarbeiter.*
11. Vermögensverhältnisse. Welches Einkommen versteuern die Eltern? Könnte der Beschuldigte eine etwaige Geldstrafe, wenigstens in Raten, zahlen? Höhe des Schicht- oder Tagelohns?	*kein steuerpflichtiges Einkommen, Vater verdient täglich 4,50 Mark.* *ja.* *1,20 Mark.*
12. Sonstige bemerkenswerte Lebensereignisse und Charakter-Äußerungen.	*sind nicht zu verzeichnen.*

2. Formular St. A.*)

Der Erste Staatsanwalt.

4. J. 72./11. *Kattowitz*, den *4. Februar* 191*1*

Gegen d*en* Jugendlich*en* *Grubenarbeiter Franz Karkoschka* zu *Bogutschütz*, geboren am *25. März 1895* zu *Zawodzie*, Sohn — [Tochter] — d*es* *Häuers Paul Karkoschka*, schwebt hier ein Strafverfahren wegen *Diebstahls und vorsätzlicher Körperverletzung.*

I. Ich ersuche daher um gefällige Auskunft über alle zur Prüfung des Unterscheidungsvermögens d*es* Jugendlich*en* dienlichen Momente, insbesondere ob d*er* Jugendliche die zur Erkenntnis der Strafbarkeit des Tuns erforderliche Einsicht besessen hat.

Sollte die letzterwähnte Frage verneint werden, so ersuche ich um möglichst ausführliche Begründung dieser Ansicht, damit eine Nachprüfung durch den Strafrichter möglich ist, sowie um weitere Angabe, ob vormundschaftsgerichtliche Maßnahmen gegen d*en* Jugendlich*en* wegen Unzulänglichkeit der Erziehung usw. für erforderlich erachtet werden.

II. Falls d*er* Jugendliche zu einer Freiheitsstrafe — an erster Stelle oder für den Unvermögensfall — verurteilt werden sollte, müßte sowohl von dem erkennenden Gericht als auch von dem Strafvollstreckungsrichter geprüft werden, ob auf Grund des Allerhöchsten Erlasses vom 23. Oktober 1895 die Aussetzung der Strafvollstreckung auf längere Zeit und bei guter Führung während dieser Zeit demnächst die Begnadigung oder Strafmilderung zu beantragen ist.

Zu jeder Prüfung ist es erforderlich festzustellen:

1. ob d*er* Verurteilte durch Leichtsinn, Unbesonnenheit, Unerfahrenheit oder infolge von Verführung, nicht aber durch Verdorbenheit und verbrecherische Neigungen zu dem begangenen Fehltritte veranlaßt worden ist,
2. wie das Vorleben d*es* Verurteilten gewesen ist, namentlich *seine* Führung in Schule, Haus oder Berufsstellung,
3. in welcher Umgebung und in welchen Verhältnissen d*er* Verurteilte während der Probezeit zu leben haben wird, insbesondere welchen Leumundes sich die Eltern — [Lehrherren] — Dienstherren erfreuen und ob anzunehmen ist, daß diese erziehlich auf *ihn* einwirken und *ihn* von weiteren Straftaten ab- und zu einem ordentlichen, gesetzmäßigen Leben anhalten werden.

Ich ersuche deshalb schon jetzt möglichst eingehende und sorgfältige Nachforschungen hierüber anzustellen und das Ergebnis dieser Ermittelungen hierher baldmöglichst mitzuteilen.

I. A.
N.

An
[das Waisenamt]
das Pfarramt

in

Bogutschütz.

---

*) vgl. S. 25 Anm. 7.

3. Formular St. A. 66. [1])

(Ermittelungsersuchen an Behörden wegen Aussetzung der Strafvollstreckung).

Kgl. Amtsgericht.

[2]) Geschäftsnummer: *11. D. 845./08.* / *4.*

[3]) Es wird ersucht, bei Antwortschreiben obige Geschäftsnummer anzugeben.

Kattowitz, den *22. Dezember* 19*08.*

Durch Urteil des Königlichen *Schöffen*gerichts in *Kattowitz* vom *18. Dezember 1908* ist d*ie Witwe Klara Gebauer, geborene Gaida*, aus *Laurahütte*, geboren am *28. Mai 1873* in *Brinitz*, [Sohn] — Tochter — de*s Häuers Caspar Gaida u. der Marie, geb. Appel*, zu einer *Gefängnis*strafe von *einem Tage* — [zu einer Geldstrafe von] . . . . [*M*, an deren Stelle aber,] [da sie nicht beizutreiben gewesen ist, die eventuell erkannte] . . . . [strafe von] . . . . [zu vollstrecken ist,] verurteilt worden. Nach Lage des Falles ist es angezeigt, zu prüfen, ob auf Grund des Allerhöchsten Erlasses vom 23. Oktober 1895 die Aussetzung der Strafvollstreckung auf längere Zeit und bei guter Führung während dieser Zeit demnächst die Begnadigung oder Strafmilderung zu beantragen ist.

Zu dieser Prüfung ist es erforderlich, festzustellen:

1. ob d*ie* Verurteilte durch Leichtsinn, Unbesonnenheit, Unerfahrenheit oder infolge von Verführung, nicht aber durch Verdorbenheit und verbrecherische Neigungen zu dem begangenen Fehltritte veranlaßt worden ist,
2. wie das Vorleben de*r* Verurteilten gewesen ist, namentlich *ihre* Führung in Schule, Haus oder Berufsstellung,
3. in welcher Umgebung und in welchen Verhältnissen d*ie* Verurteilte während der Probezeit zu leben haben wird, insbesondere welchen Leumundes sich die Eltern — [Lehrherren] — Dienstherren — erfreuen und ob anzunehmen ist, daß diese erziehlich auf *sie* einwirken und *sie* von weiteren Straftaten ab- und zu einem ordentlichen, gesetzmäßigen Leben anhalten werden.

D*er Amtsvorstand* wird ergebenst ersucht, möglichst eingehende und sorgfältige Nachforschungen hierüber anzustellen und das Ergebnis dieser Ermittelungen hierher baldgefälligst mitzuteilen.

Gleichzeitig ersuche ich, d*ie* Verurteilte, [seinen]/ihren Vater — [seine]/[ihre] [Mutter] — [seinen]/[ihren] [Vormund] — [seinen]/ihren Brot- [oder Lehr]herrn — mit dem Sachverhalte bekannt zu machen und zu befragen, ob Umstände vorliegen, aus denen das eigene Interesse de*r* Verurteilten die sofortige Vollstreckung der Strafe angezeigt erscheinen läßt, weil [er]/sie eine Stelle anzutreten, eine Reise ins Ausland zu unternehmen, [ins Heer oder in die Marine einzutreten] beabsichtigt.

[4]) An *N.* [5])

den Amtsvorstand — [die Polizei] . . . .

in *Laurahütte.*

---

[1]) vgl. S. 31.

[2]) Die Geschäftsnummer wird gebildet aus Aktenzeichen und Ordnungsnummer (vgl. § 8 Abs. 8 bez. Abs. 7 vbd. mit § 7 Abs. 3 bez. Abs. 3 und § 8 Abs. 1 bez. Abs. 1 d. Gesch. O. f. d. Gerichtsschreibereien der Amtsgerichte und Sekretariate der Staatsanwaltschaften bei den Landgerichten v. 11. Okt. 06, JMBl. S. 304 bez. v. 12. Nov. 06, JMBl. S. 485.

[3]) Wegen obigen Vermerks vgl. § 16 Abs. 10 bez. § 14 Abs. 12 a. a. O.

[4]) Wegen der Adresse vgl. § 16 Abs. 2 ff. bez. § 14 Abs. 2 ff. a. a. O.

[5]) Wegen Vollziehung der Reinschrift vergl. § 16 Abs. 15 bez. § 14 Abs. 16 a. a. O.

4. Formular St. A. 194.*)

[Seite 1].

Bezirk des Landgerichts zu . . . . **A.**

Amtsgericht zu . . . .

Verzeichnis

derjenigen rechtskräftig verurteilten Personen, für welche die Aussetzung der Vollstreckung der Freiheitsstrafe mit der Aussicht auf Erwirkung der Begnadigung erbeten wird.

Dieses Verzeichnis umfaßt **den Monat** . . . . 19 . . .

[Seite 2].

Laufende Nr.	Der Verurteilten: Name, Stand und Wohnort.	Der Verurteilten: Lebensalter zur Zeit der Straftat. Jahre und Monate.	Straftat unter Bezeichnung des Strafgesetzes.	Bezeichnung des erkennenden Gerichts und des Aktenzeichens.	Tag des Erkenntnisses (Strafbefehls), Tag der Rechtskraft, rechtskräftig erkannte Strafe.
1.	2.	3.	4.	5.	6.

[Seite 3].

Es wird beantragt, die Vollstreckung die Freiheitsstrafe auszusetzen bis zum	a) Angabe über eine wegen Verbrechens oder Vergehens etwa früher bereits verbüßte Freiheitsstrafe. b) Äußerung des erkennenden Gerichts. c) Äußerung der Vollstreckungsbehörde.	Entscheidung des Justizministers.
7.	8.	9.

*) vgl. S. 34 ff. — Der Einlagebogen zu obigem — einen Titelbogen darstellenden — Formular ist mit der Nummer 194a versehen (vgl. S. 70 Anm. 4 zu b).

5. Formular St. A. 67.*)

(Benachrichtigung des Verurteilten von der bewilligten Strafaussetzung).

Königl. Amtsgericht.

Geschäftsnummer: *11. D. 513./10.* / *11.*

Es wird ersucht, bei Antwortschreiben obige Geschäftsnummer anzugeben.

Kattowitz, den *23. März 1911.*

Sie werden benachrichtigt, daß der Herr Justizminister auf Grund des Allerhöchsten Erlasses vom 23. Oktober 1895 die Aussetzung der Vollstreckung der durch Urteil des Königlichen *Schöffen*gerichts in *Kattowitz* vom *28. Oktober 1910* gegen Sie erkannten Freiheitsstrafe bis zum *31. Dezember 1912* bewilligt hat. Nach Ablauf dieser Probezeit wird in eine Prüfung eingetreten werden, ob Ihr Verhalten derartig gewesen ist, daß Ihre Besserung und Ihr künftiges Wohlverhalten zu erhoffen sind. Von dem Ergebnis dieser Prüfung wird die Stellung eines Antrages auf Erlaß oder Milderung Ihrer Strafe abhängig gemacht werden. Während der Dauer des gewährten Strafaufschubs haben Sie die Verpflichtung, jeden Wechsel Ihres Wohnortes hierher anzuzeigen, widrigenfalls Sie Gefahr laufen, der gewährten Vergünstigung verlustig zu gehen.

An *N.*

den *Schlepper Adolf Adamczyk* in *Antonienhütte.* *Amtsrichter.*

6. Formular St. A. 68.**)

(Ersuchen an die Polizeibehörde, dem Verurteilten und dessen Vater, Mutter oder Vormund die Aussetzung der Strafvollstreckung zu eröffnen).

Königl. Amtsgericht.

Geschäftsnummer: *11 D. 513./10.* / *11.*

Es wird ersucht, bei Antwortschreiben obige Geschäftsnummer anzugeben.

Kattowitz, den *23. März 1911.*

Der Herr Justizminister hat auf Grund des Allerhöchsten Erlasses vom 23. Oktober 1895 angeordnet, daß die Vollstreckung der durch Urteil des Königlichen *Schöffen*gerichts in *Kattowitz* vom *28. Oktober 1910* gegen *den Adolf Adamczyk* erkannten Freiheitsstrafe bis zum *31. Dezember 1912* ausgesetzt werde. Nach Ablauf dieser Zeit wird in eine Prüfung eingetreten werden, ob das Verhalten de*s* Verurteilten derartig gewesen ist, daß *seine* Besserung und künftiges Wohlverhalten zu erhoffen ist, und von dem Ergebnis dieser Prüfung wird die Stellung eines Antrages auf Erlaß oder Milderung der erkannten Strafe abhängig gemacht werden.

Während der Dauer des gewährten Strafaufschubs hat d*er* Verurteilte die Verpflichtung, jeden Wechsel *seines* Wohnortes hierher anzuzeigen, widrigenfalls *er* Gefahr läuft, der gewährten Vergünstigung verlustig zu gehen.

Der *Amtsvorstand* wird ergebenst ersucht, dies d*em* Verurteilten — und dessen Vater — [Mutter] — [Vormund] — d*em Grubenarbeiter Max Adamczyk* in *Antonienhütte, Hüttenstr. 10,* zu Protokoll zu eröffnen und die entstehende Verhandlung hierher mitzuteilen.

An *N.*

den *Amtsvorstand* in *Antonienhütte.* *Amtsrichter.*

*) Vergl. S. 42 lit. a. — **) Vergl. S. 42 lit. b.

7. Formular St. A. 52.*) [Papier von gelber Farbe]

Mitteilende Behörde: *Königliches Amsgericht Kattowitz.*	**Nachricht über Strafaufschub (E)** für das Strafregister zu *Beuthen O./S.*	Aktenzeichen: *11. D. 382./10.*

Familienname (bei Frauen Geburtsname): *Peschke.*
Vornamen (Rufname zu unterstreichen): *Johanna Friederike.*

Familienstand: [ledig] verheiratet [verwitwet] [geschieden]
Vor- und Familien- (Geburts-) name des (bezw. früheren) Ehegatten: *Franz Jendrzej.*

Des Vaters Vor- und Familienname: *Theodor Peschke.*
Der Mutter Vor- und Geburtsname: *Agathe Redowski.*

Geburtstag:	Tag: *20.* Monat: *12.* Jahr: *78.*	Geburtsort:	Gem.: *Karf.* Landgerichtsbez.: *Beuthen O./S.* ev. Straße, Stadtteil: Staat: *Preussen.* Verwaltungsbezirk: *Beuthen O./S.*

Wohnort: *Kattowitz.* ev. letzter Aufenthaltsort:

Stand (Beruf, Gewerbe): ev. Stand des Ehemannes: *Hausmeister.*

Verurteilt am *13. Dezember 1910* durch *das Königl. Schöffengericht in Kattowitz*
wegen *Diebstahls*
zu *einem Tage Gefängnis.*

Strafaufschub mit der Aussicht auf Begnadigung ist erteilt
bis *31. März 1913.*

Es wird ersucht, von den bis zur Beendigung des Strafaufschubes eingehenden Strafnachrichten, Steckbriefsnachrichten oder Anfragen wegen Vorstrafen sofort hierher Mitteilung zu machen.

Datum: *28. März 1911.*

Unterschrift:

N.
Amtsrichter.

---

*) Vergl. S. 43 lit. c.

8. Formular St.A. 47. [1] [2] [3])

[Seite 1].

Mitteilende Behörde: *Königliches Amtsgericht Kattowitz.*	**Strafnachricht (A)** für das Strafregister zu *Beuthen O./S.* [Gleiche Strafnachricht erhielt das Strafregister zu]	Aktenzeichen: *11. D. 382./10.*

Familienname (bei Frauen Geburtsname): *Peschke.*
Vornamen (Rufname zu unterstreichen): *Johanna Friederike.*

Familienstand: [ledig] verheiratet [verwitwet] [geschieden]
Vor- und Familien-(Geburts-)name des (bezw. früheren) Ehegatten: *Franz Jendrzej.*

Des Vaters Vor- und Familienname: *Theodor Peschke.*
Der Mutter Vor- und Geburtsname: *Agathe Redowski.*

Ge-burts-tag:	Tag: *20.* Monat: *12.* Jahr: *78.*	Ge-burts-ort:	Gemeinde: *Karf.* Landgerichtsbezirk: *Beuthen O./S.* ev. Straße, Stadtteil: Staat: *Preussen.* Verwaltungsbezirk*): *Beuthen O./S.*

Wohnort: *Kattowitz.* ev. letzter Aufenthaltsort:

Stand (Beruf, Gewerbe): ev. Stand des Ehemanns: *Hausmeister.*

Vorbestraft wegen Verbrechen, Vergehen**) oder aus § 361 Nr. 1–8 Strafgesetzbuchs: nein [ja] — [vgl. Rückseite] —

Sonstige Bemerkungen (ev. Staatsangehörigkeit):

Vorstehend bezeichnete Person ist rechtskräftig verurteilt worden:

am	durch	wegen	auf Grund von	zu
13. Dezember 1910	*das Königliche Schöffengericht in Kattowitz*	*Diebstahls*	*§ 242 St.G.B.*	*einem Tage Gefängnis.*

*) Kreis, Bezirksamt, Amtshauptmsch., Oberamt, Amtsbezirk usw.

**) Unberücksichtigt bleiben Verurteilungen in Privatklagesachen, in Forst- und Feldrügesachen, wegen Zuwiderhandlungen gegen Vorschriften über Erhebung öffentlicher Abgaben und Gefälle und wegen der in der Verordn. des Bundesrats v. 16. Juni 1882 § 2 Nr. 4 bezeichneten militärischen Verbrechen und Vergehen.

Datum: *28. März 1911.*

Die Richtigkeit bescheinigt:

N.
Amtsrichter.

[1]) Vgl. S. 92 mit Anm. 2, S. 93 Anm. 6; vgl. auch S. 43 Anm. 2 bis 4

[2]) Wegen Ausfüllung des Formulars vgl. noch Cammert, Die kriminalistischen Zählkarten und Strafnachrichten, Nordhausen, Selbstverlag des Verfassers, 1895, 4. Auflage u. Müller, Vorstrafen u. Strafregister (Heft 92 d. strafr. Abh. v. Bennecke).

[3]) Zur Beachtung. Das Formular St. A. 46 entspricht nach Form und Inhalt genau obigem Formular. Es ist lediglich auf stärkerem Papier gedruckt und soll bei Nachrichten über die erste Bestrafung verwendet werden (vgl. Ziff. 32 der Ausführungsverfügung v. 7. Sept. 96, JMBl. S. 294).

[Seite 2].

Umstehend bezeichnete Person ist weiter verurteilt worden *):

Nr.	nach Mitteilung von	Akten-zeichen	am	durch	wegen	auf Grund von	zu

*) Hier können von der Registerbehörde alle später mitgeteilten Bestrafungen, von der mitteilenden Behörde die bei der Registerbehörde noch nicht registrierten Vorbestrafungen eingetragen werden.

9. Formular St. A. 50.*)

(Auszug aus dem Strafregister).

[Seite 1].

C.

Urschriftlich mit der Bitte um schleunige Rücksendung

an

die Königliche Staatsanwaltschaft
(Registerbehörde)

in

Gleiwitz

zur gefälligen Auskunftserteilung über die Vorstrafen der umstehend bezeichneten Person.

*(Angeblich unbestraft).**)*

c/a Blechorz,
wegen Vergehens
nach § 292 StGB.

Datum: *Kattowitz, am 29. Januar 1911.*

Unterschrift: *Königliches Amtsgericht.*
N.

[Seite 2].

Urschriftlich unter Bezugnahme auf beifolgenden Auszug zurück

an

das Königliche Amtsgericht

in

Kattowitz.

---

*) vgl. S. 43 Anm. 4 unter I, b, α u. dortige Anm. *). Vergl. noch d. RdVf. d. JM. v. 28. Aug. 05 — I. 3519 — (JMBl. 11, S. 438) u. d. RdVf. in d. flgd. Anm.

**) vgl. Abs. 8 d. RdVf. d. JM. v. 30. Sept. 08 — I. 4747 c — (JMBl. 11, S. 439).

[Seiten 3 u. 4].

Vergehens- — [Übertretungs-] — Sache. Nach den Akten [bestraft] — unbestraft.
(Das Nichtzutreffende ist bei der Vorstrafenanfrage zu durchstreichen).*)

Auszug aus dem Strafregister

der *Königlichen Staatsanwaltschaft* zu *Gleiwitz.*

Familienname (bei Frauen Geburtsname): *Blechorz.*

Vornamen (Rufname zu unterstreichen): *Johann Georg.*

Familienstand: ledig [verheiratet] [verwitwet] [geschieden]
Vor- und Familien-(Geburts-)name des (bzw. früheren) Ehegatten:

Des Vaters Vor- und Familienname: *Karl Blechorz.*

Der Mutter Vor- und Geburtsname: *Agnes Mrosek.*

Ge-burts-tag:	Tag: *18.* Monat: *10.* Jahr: *82.*	Ge-burts-ort:	Gemeinde: *Staude.* ev. Straße, Stadtteil: Verwaltungsbezirk: *Pless.*	Landgerichtsbezirk: *Gleiwitz.* Staat: *Preussen.*

Wohnort: *Kattowitz.* ev. letzter Aufenthaltsort:

Stand (Beruf, Gewerbe): *Eisenbahnarbeiter.* ev. Stand des Ehemannes:

ist ausweislich des Registers verurteilt

Nr.	nach Mitteilung von	Aktenzeichen	am	durch	wegen	auf Grund von	zu
1	*Amtsgericht Pless*	*4. D. 180./97.*	*31. Mai 97*	*Schöffengericht Pless*	*Diebstahls*	*§ 242 StGB.*	*einem Verweise.*

Die Registerbehörde der Kgl. Staatsanwaltschaft.
Der Registerführer.
Müller.

*) Vgl. Abs. 3 d. Allg. Vf. d. JM. v. 11. Dez. 11 — I. 4835² — (JMBl. S. 438, 441), vgl. auch Abs. 3 d. RdVf. d. JM. v. 30. Sept. 08 — I. 4747 c — (a. a. O S. 439).

10. Formular St. A. 51.*)

[Papier von roter Farbe].

Verfolgende Behörde: *Königliches Amtsgericht Kattowitz.*	**Steckbriefsnachricht (D)** für das Strafregister zu *Beuthen O./S.*	Aktenzeichen: *11.D.680./10.*

Familienname (bei Frauen Geburtsname): *Arndt.*
Vornamen (Rufname zu unterstreichen): *Max Hugo.*

Familienstand: ledig [verheiratet] [verwitwet] [geschieden]
Vor- und Familien-(Geburts-)name des (bzw. früheren) Ehegatten:

Geburtstag:		Geburtsort:
Tag: *10.*		Gemeinde: *Schoppinitz.* Landgerichtsbez.: *Beuthen O./S.*
Monat: *4.*		ev. Straße, Stadtteil: Staat: *Preussen.*
Jahr: *79.*		Verwaltungsbezirk: *Kattowitz.*

Wohnort: *unbekannt* ev. letzter Aufenthaltsort: *Rosdzin.*

Stand (Beruf, Gewerbe): *Hausdiener.* ev. Stand des Ehemannes:

Vorbestraft wegen Verbrechen, Vergehen oder aus § 361 Nr. 1—8 Strafgesetzbuchs: nein [ja zuletzt im Jahre]

Bemerkungen:

Gegen die vorstehend bezeichnete Person ist [am] kein Steckbrief erlassen worden.

Datum: *Kattowitz, am 12. Dezember 1910.* Unterschrift: *N., Amtsrichter.*

Auskunft des Strafregisters zu *Beuthen O./S.*

Die verfolgte Person ist nach Mitteilung des *Ersten Amtsanwalts zu Breslau in P. L. 657./11.*

am	durch	wegen	auf Grund von	zu
11. März 1911	*Schöffengericht Breslau*	*Bettelns*	*§ 361 Ziff. 4 StGB.*	*zehn Tagen Haft*

rechtskräftig verurteilt worden und befindet sich, wie hiernach anzunehmen, zur Zeit in Haft.

Die Registerbehörde der Kgl. Staatsanwaltschaft.

[Die verfolgte Person befindet sich] *Der Registerführer.*

Datum: Unterschrift: *Müller.*

Beuthen O./S., am 16. März 1911.

*) vgl. S. 43 Anm. 4 unter I, b, α u. II, S. 44 Anm. ***) u. S. 45 Anm.*)

11. Formular St. A. 65.*)

(Erkundigung über die Führung des Verurteilten in der Probezeit).

Königliches Amtsgericht.

Geschäftsnummer: *11. D. 555./08.* / *4.*

Es wird ersucht, bei Antwortschreiben obige Geschäftsnummer anzugeben.

Kattowitz, den *2. April 1911.*

Der Herr Justizminister hat auf Grund des Allerhöchsten Erlasses vom 23. Oktober 1895 angeordnet, daß die Vollstreckung der durch Urteil des Königlichen *Schöffen*gerichts in *Kattowitz* vom *26. März 1909* gegen d*en Maurer Carl Badura in Laurahütte* erkannten Freiheitsstrafe bis zum *30. Juni 1911* ausgesetzt werde. Nach Ablauf dieser Zeit wird in eine Prüfung eingetreten werden, ob das Verhalten d*es* Verurteilten derartig gewesen ist, daß *seine* Besserung und künftiges Wohlverhalten zu erhoffen ist, und von dem Ergebnis dieser Prüfung wird die Stellung eines Antrages auf Erlaß oder Milderung der erkannten Strafe abhängig gemacht werden.

Da der Ablauf dieser Zeit nahe bevorsteht, ersuche ich d*en Amtsvorstand* ergebenst, sorgfältige Erkundigungen nach der Führung d*es* Verurteilten einzuziehen, die diese Prüfung ermöglichen. Diese Erkundigungen sind in schonender Art und so anzustellen, daß den Befragten, wenn ihnen der Zusammenhang mit einer früheren Bestrafung bekannt gegeben werden muß, jedenfalls zugleich bemerklich gemacht wird, daß es sich um die Frage des Erlasses der Strafe auf Grund guter Führung handelt. Daß die Auskunft nur von zuverlässigen und einsichtigen Personen zu erfordern ist, bedarf kaum besonderer Hervorhebung. Werden Polizeibeamte zur Ausführung der Erkundigung verwendet, so ist tunlichst zu verhüten, daß die Nachfrage unter dem Gesichtspunkt einer strafgerichtlichen Nachforschung aufgefaßt wird.

Über das Ergebnis der Nachforschungen ersuche ich, sich umgehend zu äußern.

Eine allgemeine Bemerkung, d*er* Verurteilte habe sich gut geführt, genügt nicht; es sind vielmehr nähere Angaben über *sein* Verhalten und *seine* Lebensverhältnisse erforderlich.

N.

An d*en Amtsvorstand*
in
Laurahütte.

*) vgl. S. 54/55 unter b Nr. 2.

12. Formular St. A. 195.*)

[Seite 1].

Bezirk des Landgerichts zu . . . . B.

Amtsgericht zu . . . .

Verzeichnis derjenigen verurteilten Personen, für welche nach erfolgter Aussetzung der Strafvollstreckung die Begnadigung erbeten wird.

Eingereicht im Laufe des . . . . **Quartals des Geschäftsjahres 19** . . . .

[Seite 2].

Laufende Nr.	Der Verurteilten Name, Stand und Wohnort.	Der Verurteilten Lebensalter zur Zeit der Straftat. Jahre und Monate.	Straftat unter Bezeichnung des Strafgesetzes.	Bezeichnung des erkennenden Gerichts und des Aktenzeichens.	Tag des Erkenntnisses (Strafbefehls). Tag der Rechtskraft. Rechtskräftig erkannte Strafe.
1.	2.	3.	4.	5.	6.

[Seite 3].

Es war genehmigt, die Vollstreckung der Freiheitsstrafe auszusetzen bis zum	Äußerung über die Führung seit der Verurteilung.	a. Angabe über eine wegen Verbrechens oder Vergehens etwa früher bereits verbüßte Freiheitsstrafe, b. Antrag auf Begnadigung und seine Begründung.	Antrag des Justizministers.	
7.	8.	9.	10.	

*) vgl. S. 59 ff. — Der Einlagebogen zu obigem — einen Titelbogen darstellenden — Formular ist mit der Nummer 195a versehen (vgl. S. 70 Anm. 4 zu b).

13. Formular St. A. 53. *)

[Papier von grüner Farbe].

Mitteilende Behörde: *Königliches Amtsgericht Kattowitz*	**Nachricht über Begnadigung (F)** für das Strafregister zu *Beuthen O./S.*	Aktenzeichen: *11.D.355./08.*

Familienname (bei Frauen Geburtsname): *Wiora.*
Vornamen (Rufname zu unterstreichen): *Johanna Julie.*

Familienstand: [ledig] verheiratet [verwitwet] [geschieden]
Vor- und Familien-(Geburts-)name des (bzw. früheren) Ehegatten: *Karl Latusses.*

Des Vaters Vor- und Familienname: *Simon Wiora.*
Der Mutter Vor- und Geburtsname: *Franziska Chrobok.*

Geburtstag:		Geburtsort:	
Tag:	*31.*	Gemeinde: *Laurahütte.*	Landgerichtsbezirk: *Beuthen [O./S.*
Monat:	*12.*	ev. Straße, Stadtteil:	Staat: *Preussen.*
Jahr:	*84.*	Verwaltungsbezirk: *Kattowitz.*	

Wohnort: *Laurahütte.* ev. letzter Aufenthaltsort:

Stand (Beruf, Gewerbe): ev. Stand des Ehemannes: *Häuer.*

Verurteilt am *10. Oktober 1908* durch *Schöffengericht Kattowitz*
wegen *Diebstahls*
zu *einem Tage Gefängnis.*

†) Durch Allerhöchsten Erlaß / [Erlaß des Justizministers] vom *15. Februar 1911* ist diese Strafe erlassen.

[ermäßigt auf eine] . . . . [strafe von] . . . . . .
[umgewandelt in eine] . . . . [strafe von] . . . . . [unter dem]
[Vorbehalt, daß es bei Nichtzahlung der Geldstrafe bei der erkannten]
[Freiheitsstrafe verbleibt.]

[die Löschung des Strafvermerkes in den polizeilichen Listen angeordnet.]

[die Wiederverleihung der bürgerlichen Ehrenrechte] — [der Fähigkeit zur Bekleidung] [öffentlicher Ämter] — [erfolgt.]

†) Das nicht Zutreffende ist zu durchstreichen.

Datum: *Kattowitz, am 17. März 1911.*

Unterschrift: *N.*
Amtsrichter.

*) vgl. S. 68 Anm. 9.

14. Formular St. A. 197.*)

[Seite 1].

Bezirk des Landgerichts zu *Beuthen O./S.*
Amtsgericht zu *Kattowitz.*

Formular C.

Nachweisung

derjenigen Fälle von Strafaussetzungen, welche nicht zur Begnadigung geführt haben,

für das Jahr *1910.*

Anmerkungen:

1. **Zu den Spalten 4 bis 10:** Bei Verurteilungen wegen mehrerer strafbarer Handlungen ist für die Ausfüllung der Spalten 4 bis 7 maßgebend, ob die Person bei Begehung der **letzten** Straftat das 18. Lebensjahr vollendet, bezw. vor Begehung der **letzten** Straftat Freiheitsstrafe verbüßt hatte. Von den Spalten 8 bis 10 ist die der **schwersten** Straftat entsprechende auszufüllen.
2. **Zu den Spalten 13 bis 21:** War gleichzeitig die Vollstreckung von Freiheitsstrafen verschiedener Art ausgesetzt, so ist die der **schwersten** Straftat entsprechende Spalte auszufüllen.
3. **Zu den Spalten 22 bis 24:** Die Fristen für die Aussetzung der Strafvollstreckung werden vom Tage der Rechtskraft des Urteils ab gerechnet.**)
4. **Zu den Spalten 1 bis 24:** Erledigt sich die Strafaussetzung (durch Strafvollstreckung, Tod, Flucht oder auf andere Weise) aus verschiedenen Urteilen, so wird nur **ein** Fall, unter Berücksichtigung der vorstehenden Anmerkungen gezählt, falls die Strafaussetzung gleichzeitig in demselben A-Verzeichnis genehmigt worden war.

*) vgl. S. 51 Anm. 1, S. 90/91 unter a Nr. 1, vgl. auch S. 91 unter a Nr. 2.
**) vgl. aber auch S. 35 Anm. 3.

[Seite 2].

Im Jahre 1910.		Gesamtzahl der Fälle.	Von den in Spalte I Personen: männlichen Geschlechts.	weiblichen Geschlechts.	die bei Begehung der strafbaren Handlung noch nicht 18 Jahre alt waren.	die bei Begehung der strafbaren Handlung 18 oder mehr Jahre alt waren.	die wegen Verbrechen oder Vergehen noch nicht Freiheitsstrafe verbüßt hatten.	die wegen Verbrechen oder Vergehen bereits Freiheitsstrafe verbüßt hatten.	die verurteilt sind wegen Verbrechens.	die verurteilt sind wegen Vergehens.	die verurteilt sind wegen Übertretung.	die in einer Strafsache anhängig in erster Instanz vor Amts- oder Schöffengerichten.	die in einer Strafsache anhängig in erster Instanz vor Strafkammern oder Schwurgerichten.
		1.	2.	3.	4.	5.	6.	7.	8.	9.	10.	11.	12.
erledigt sich die (in demselben oder einem früheren Jahre) bewilligte Aussetzung der Strafvollstreckung	1. durch Einleitung der Strafvollstreckung:	*1*	*1*	—	—	*1*	—	*1*	—	*1*	—	*1*	—
	2. durch Tod, Flucht oder auf andere Weise:	—	—	—	—	—	—	—	—	—	—	—	—

Die Richtigkeit bescheinigt.

Kattowitz, am 31. Dezember 1910.

Königliches Amtsgericht.

N.

[Seite 3].

bezeichneten Fällen betrafen												
die Aussetzung der Vollstreckung												Bemerkungen.
			von Gefängnis									
				und zwar von								
von Zuchthausstrafe.	von Festungshaft.	von Haft.	überhaupt.	mehr als 6 Monaten.	mehr als 3 bis zu 6 Monaten.	mehr als 1 Monat bis zu 3 Monaten.	mehr als 1 Woche bis zu 1 Monat.	1 Woche oder weniger.	für weniger als 2 Jahre.	für 2 bis 3 Jahre.	für 3 Jahre oder mehr.	
13.	14.	15.	16.	17.	18.	19.	20.	21.	22.	23.	24.	25.
—	—	—	*1*	—	*1*	—	—	—	—	*1*	—	
—	—	—	—	—	—	—	—	—	—	—	—	

Rechnerisch richtig.

Kattowitz, am 31. Dezember 1910.

X.

Amtsgerichtssekretär.

15. Formular St. A. 198.*)

[Seite 1]. **Muster 1.**

Bezirk des Oberlandesgerichts in *Breslau.*
Staatsanwaltschaft bei dem Landgericht in *Beuthen O./S.*
Amtsgericht in *Kattowitz.*

Verzeichnis

derjenigen in Preußen geborenen Personen, welche, nachdem ihnen hinsichtlich einer wegen Verbrechens, wegen Vergehens oder wegen Übertretung des § 361 Nr. 1 bis 8 des Strafgesetzbuchs von einem preußischen Gericht

in den Jahren *1899* **bis** *1904*

auferlegten Strafe ein bedingter Strafaufschub erteilt worden, wiederum eine dieser Handlungen begangen haben, und dafür eine

im Jahre *1904*

rechtskräftig gewordene Verurteilung erlitten haben.

(Rückfälligenliste).

Anmerkungen:

1. Verurteilungen wegen der im § 2 Abs. 2 des Bundesratsbeschlusses vom $\frac{\text{16. Juni 1882}}{\text{9. Juli 1896}}$ (J.-M.-Bl. von 1896 S. 265) bezeichneten Vergehen sind in dem Verzeichnisse nicht zu berücksichtigen.
2. Die Ausfüllung der Spalten 4 bis 7, 9, 10 und 13 bis 26 erfolgt in den zutreffenden Fällen durch die Einstellung eines Längsstrichs. Betrifft eine Entscheidung Verbrechen oder Vergehen gegen Reichsgesetze und daneben Übertretungen gegen § 361 Str.-G.-B. oder Vergehen gegen Landesgesetze, so werden nur die Verbrechen oder Vergehen gegen Reichsgesetze berücksichtigt.
3. Wenn mehrere im Verzeichnisse zu berücksichtigende Straftaten von dem Verurteilten teils vor teils nach dem vollendeten 18. Lebensjahre begangen, so ist von den Spalten 4 und 5, 6 und 7 und 22 nur die erste auszufüllen.
4. Ist wegen der zu berücksichtigenden Straftaten auf mehrere Strafen erkannt, so wird bei Ausfüllung der Spalten 15 bis 21 nur die schwerste Strafart berücksichtigt, also stets nur eine dieser Spalten ausgefüllt.

---

*) vgl. S. 91 bis 94.

[Seite 2].

Laufende Nr.	Vor- und Zuname, Stand des Verurteilten.	Der bedingte Strafaufschub ist erteilt: in den Akten (Aktenzeichen).	einem Verurteilten, der männlich und zur Zeit der Tat war noch nicht 18 Jahre alt	männlich, 18 oder mehr Jahre alt.	weiblich und zur Zeit der Tat war noch nicht 18 Jahre alt.	weiblich, 18 oder mehr Jahre alt.	verurteilt war am (Datum).	verurteilt war wegen Verbrechens oder Vergehens gegen ein Reichsgesetz.	verurteilt war wegen Übertretung des § 361 Nr. 1—8 Str.-G.-B. od. Vergehens gegen ein Landesgesetz.	zu (Name des Gerichtsorts).
1.	2.	3.	4.	5	6.	7.	8.	9.	10.	11.
1	*August Schmidt, Kaufmann.*	*3.D.10/01.*		*1*			*5. 1. 01.*	*1*		*N.*
2	*Anna Schulz, Lehrmädchen.*	*3.D.30/00.*			*1*		*3. 4. 00.*	*1*		*O.*
3	*Gustav Werner, Arbeiter.*	*3.C.35/99.*	*1*				*4. 9. 99.*		*1*	*P.*
4	*Heinrich Müller, Schneiderlehrling.*	*3.D.51/01.*	*1*				*7. 6. 01.*	*1*		*X.*
5	*Friedrich Meyer, Tischlergeselle*	*3 C.25/02*	*1*				*8. 8. 02.*		*1*	*Y.*
			3	*1*	*1*			*3*	*2*	
	1899		*1*						*1*	
	1900				*1*			*1*		
	1901		*1*	*1*				*2*		
	1902		*1*						*1*	
	1903, *1904*	*fehlt!*								

Kattowitz, am 10. Februar 1905.

Königliches Amtsgericht.
N.

[Seite 3].

in den Akten (Aktenzeichen).	Die neue Verurteilung erfolgte wegen Verbrechens oder Vergehens gegen ein Reichsgesetz.	wegen Übertretung des § 361 Nr. 1—8 Str.-G.-B. oder Vergehens gegen ein Landesgesetz.	zu Tod.	zu Zuchthaus.	zu Gefängnis.	zu Festungshaft.	zu Haft.	zu Geldstrafe.	zu Verweis.	gegen eine Person, die zur Zeit der Tat war noch nicht 18 Jahre alt.	gegen eine Person, die zur Zeit der Tat war 18 oder mehr Jahre alt.	als 1te nach der früheren Verurteilung (Spalte 8).	als 2te nach der früheren Verurteilung (Spalte 8).	als 3te oder fernere nach der früheren Verurteilung (Spalte 8).	am (Datum).
12.	13.	14.	15.	16.	17.	18.	19.	20.	21.	22.	23.	24.	25.	26.	27.
2. E. 12./04.		1					1				1		1		4. 2. 04.
4. D. 25./04.	1							1		1		1			5. 6. 04.
2. L¹. 24./04.	1				1						1		1		10. 10. 04.
5. E. 90./03.		1					1				1	1			12. 11. 04.
2. M². 20/04.	1				1						1	1			10. 12. 04.
	3	2			2		2	1		1	4	3	2		
	1				1						1		1		
	1							1		1		1			
		2					2				2	1	1		
	1				1						1	1			

Rechnerisch richtig.

Kattowitz, am 10. Februar 1905

X, Amtsgerichtssekretär.

Verzeichnis der Ministerial-Verfügungen.†)

(Nach der Zeitfolge geordnet).

†) Die folgenden Anmerkungen beziehen sich nur auf diejenigen Ministerial-Verfügungen, bei welchen nicht schon hier oben ein Ort angegeben ist, wo sie aufzufinden sind.

[1]) Marck u. Kloß, a. a. O., S. 588.
[2]) Müller, a. a. O., Bd. I, S. 470 unter Nr. 4; Marck u. Kloß, a. a. O., S. 252.
[3]) Müller, a. a. O., Bd. II, S. 1713 unter Nr. 2, III.
[4]) Müller, a. a. O., Bd. II, S. 1732 als Zus. e zu Nr. 29.
[5]) Müller, a. a. O., Bd. II, S. 1733, Zus. f zu Nr. 29.
[6]) Müller, a. a. O., Bd. II, S. 1126 unter Nr. 41.
[7]) Marck u. Kloß, a. a. O., S. 563, 564; Krobitzsch, a. a. O., S. 287 unter Nr. 2.
[8]) Marck u. Kloß, a. a. O., S. 559; Öhlschläger u. Bernhardt, a. a. O., S. 100 u. 101.
[9]) Marck u. Kloß, a. a. O., S. 566; Krobitzsch, a. a. O., S. 288 unter Nr. 3.

10) Marck u. Kloß, a. a. O., S. 572; Krobitzsch, a. a. O., S. 289 unter Nr. 4.
11) Marck u. Kloß, a. a. O., S. 566; Krobitzsch, a. a. O., S. 289 unter Nr. 5.
12) Marck u. Kloß, a. a. O., S. 560.
13) Müller, a. a. O., Bd. II, S. 1760 zu a unter Nr. 65; Marck u. Kloß, a. a. O., S. 595.
14) Marck u. Kloß, a. a. O., S. 560.
15) Marck u. Kloß, a. a. O., S. 565; Krobitzsch, a. a. O., S. 290 unter Nr. 6.
16) Marck u. Kloß, a. a. O., S. 567, 569, 570, 571; Krobitzsch, a. a. O., S. 290 unter Nr. 7.
17) Marck u. Kloß, a. a. O., S. 564; Krobitzsch, a. a. O., S. 292 unter Nr. 8.
18) Müller, a. a. O., Bd. II, S. 1773, Zus. b zu § 1 RdVf.
19) Marck u. Kloß, a. a. O., S. 559.
20) Marck u. Kloß, a. a. O., S. 563, 564, 565, 567, 571; Krobitzsch, a. a. O., S. 292 unter Nr. 9.
21) Müller, a. a. O., Bd. II, S. 1281 und dortige Verweisung, s. auch in den Generalakten.
22) Müller, a. a. O., Bd. II, S. 1839 unten.
23) Marck u. Kloß, a. a. O., S. 567, 570; Krobitzsch, a. a. O., S. 294 unter Nr. 10.
24) Marck u. Kloß, a. a. O., S. 567, 570; Krobitzsch, a. a. O., S. 296 unter Nr. 11.
25) Ebert, a. a. O., S. 123.
26) Müller, a. a. O., Bd. II, S. 1774, Zus. zu § 3 RdVf.

---

[27]) Müller, a. a. O., Bd. II, S. 1111, Zus. h zu Nr. 34.
[28]) Müller, a. a. O., Bd. II, S. 1111, Zus. h zu Nr. 34.
[29]) Müller, a. a. O., Bd. II, S. 1840 oben.
[30]) Müller, a. a. O., Bd. II, S. 1774, Zus. b zu § 6 RdVf.
[31]) Gordan, Lehmann u. Niese, a. a. O., S. 187.
[32]) Krobitzsch, a. a. O., S. 297 unter Nr. 12.
[33]) Müller, a. a. O., Bd. II, S. 1841 bis 1843.
[34]) Gordan, Lehmann u. Niese, a. a. O., S. 188.
[35]) Müller, a. a. O., Bd. II, S. 1781 unter Nr. 6.
[36]) Müller, a. a. O., Bd. II, S. 1719, Zus. c zu Nr. 13.
[37]) Müller, a. a. O., Bd. II, S. 1781, Zus. c zu Nr. 5.
[38]) Klein in dem S. 23 Anm. 4 angezogenen Werk, S. 182 unter lit. b.
[39]) Müller, a. a. O., Bd. II, S. 1782 unter Nr. 7.
[40]) Müller, a. a. O., Bd. I, S. 49 unter Nr. 9.
[41]) Müller, a. a. O., Bd. II, S. 1928 oben (Zus. d).

[42]) Müller, a. a. O., Bd. II, S. 1779, Zus. zu § 36 a) RdVf.
[43]) Müller, a. a. O., Bd. II, S. 1778, Zus. zu § 36 a) RdVf.
[44]) Müller, a. a. O., Bd. II, S. 1781, Zus. d zu Nr. 5.
[45]) Müller, a. a. O., Bd. II, S. 1749, Zus. c zu Nr. 54.
[46]) Müller, a. a. O., Bd. II, S. 1750, Zus. d zu Nr. 54.
[47]) Müller, a. a. O., Bd. II, S. 1776, Zus. zu § 18 b) RdVf.
[48]) Müller, a. a. O., Bd. II, S. 1775, Zus. zu § 11 RdVf.
[49]) s. Anm. 50, vgl. S. 88 Anm. 2 a. E.
[50]) Müller, a. a. O., Bd. II, S. 1773, Zus. d zu § 1 RdVf.
[51]) s. Anm. 50, vgl. S. 88 Anm. 2 a. E.
[52]) Müller, a. a. O., Bd. II, S. 1773, Zus. a zu § 1 RdVf.
[53]) Müller, a. a. O., Bd. II, S. 2161, (nachträglicher) Zus. i zu Nr. 26, S. 1730.

Sachregister.

(Die nicht eingeklammerten Ziffern weisen auf die Seiten und die in Klammern eingeschlossenen Ziffern auf die Anmerkungen hin).

A.

G.

H.

J.

N.

O.

P.

S.

Druck von Otto Walter in Berlin S. 14,
Kommandantenstraße 44a.

FSC
www.fsc.org
MIX
Papier | Fördert gute Waldnutzung
FSC® C083411

Kolibri 360 GmbH
Ferdinand-Jühlke-Straße 7
99095 Erfurt, Deutschland
produktsicherheit@kolibri360.de